男の離婚読本

損せず別れる

梅田幸子 監修
飯野たから 著
神木正裕 著

自由国民社

はしがき――改訂にあたって

「離婚は結婚より何倍もパワーがいる」。そう話す離婚経験者は少なくありません。夫婦の一方が「離婚したい」と望んでも相手が離婚に応じなかったり、また財産分与の金額や未成年の子供の親権者に夫と妻のどちらがなるかなどで揉め、泥沼の争いになることも珍しくないからです。なお、離婚件数は平成一四年の約二九万件をピークに減少傾向にあり、令和二年一年間に離婚した夫婦は一九万件余りと、二五年振りに二〇万件を割り込みました。また、同年中に全国の家庭裁判所が新たに受け付けた（新受という）離婚調停・審判事件（婚姻中の夫婦間の事件）は四万一〇三七件と、こちらも五年連続減少しています。減少した理由は定かではありませんが、長引くコロナ禍の影響も、その一端を担っているのかもしれません。

ところで、かつては身一つで婚家から放り出されたとか、跡取りだと夫に子供を取り上げられたなど、離婚で不利益を被る割合は妻の方が高いとも言われていました。しかし今日では、専業主婦でも結婚期間中に夫が稼いだ収入や増えた財産は夫婦の共有財産とされ、その二分の一は法律上、妻の貢献によるものとして財産分与の金額に反映されるとする考え方が定着しています。また、離婚調停や離婚訴訟では、子供が一〇歳ぐらいまでの場合、裁判所は母親を親権者と認めるのが普通です。しかも、未成年の子供を引き取った元妻は、その子供の養育費を離婚後も元夫に請求できますし、元夫が取り決めた養育費を払わない場合には元夫の財産に強制執行することもできます。もはや、離婚により妻が不利益を被るとの見方は過去のものです。むしろ、妻からいきなり離婚を切り出されて慌てふためいたり、妻の一方的で法外な要求に困惑するばかりで、どう対応していいかわからないという夫が増えているのではないでしょうか。

はじめに

本書は、離婚トラブルにおいて妻の攻勢で防戦一方に陥った夫たちの助けになればと発刊したものです。どうすれば妻の不当な言い分や法外な要求をはねのけることができるか、また離婚を有利に解決できるか、その有効な対処法や法律的な考え方を具体的な離婚話を使って詳しく紹介してあります。離婚トラブルで悩む夫たちにとって、本書は強い味方になってくれるはずです。今回、「平成」から「令和」と変わったのを機に、内容を令和三年九月末日の法令により見直し、第五版を刊行しました。

本書はこれからも、皆様の問題解決に役立つものと自負しております。また、離婚話に出てくる「夫」を「妻」と読み換えれば、本書は離婚トラブルで悩む妻にとっても十分に役立つ内容です。

令和三年九月末日

監修者　弁護士　梅田幸子

〔編集部から〕本書を、『お父さんのための離婚マニュアル』という書名で初めて世に送り出してから二四年が経ちます。その間、判型と書名は現在のものに変わり、改訂も発刊当初から数えると、今回で一一回目になります。なお、離婚話に登場する人物や団体、また話の設定などはフィクションです。

◉目 次

目次

第3章／離婚する方法と手続き
——協議・調停・判決離婚の手続きスピードマスター

お父さんのための離婚のコラム

●資料

カバー／本文扉イラスト　須山奈津希

巻頭

離婚トラブルの最近の動きはどうなっているか

——気になる実例と法改正から

●はじめに・・・満一八歳成人で親権や養育費の対象年齢はどうなるか

離婚は今日、他人事ではありません。どの夫婦にも離婚の危機は訪れるのです。その原因は結婚形態の変化というより、社会の中で「離婚は出世に響く」とか、「世間体が悪い」などという離婚に対する偏見が薄れたことも大きいと考えます。これは、夫と妻が離婚調停等で申し立てた離婚動機の第一位が「性格の不一致」で長年変わっていないということからも明らかです。今日では、「結婚相手に満足できなければ、離婚すればいい」という人は多いでしょう。ただし、正式な夫婦（婚姻届を出した夫婦）が離婚する場合、本人たちの合意と離婚届以外にも取決めの必要な項目が大きく分けて二つあります。

一つは、夫婦の間に未成年の子供がいる場合で、その子供の親権者に父親（夫）と母親（妻）のどちらがなるか決めないと、夫婦は法律上の離婚ができません（市区町村役場の窓口で離婚届を受理してもらえない）。もう一つは、財産給付（慰謝料、財産分与、養育費）の問題で、離婚前に金額や支払方法を決めておかないと、後々トラブルになります。夫も妻も互いに離婚することに異存はなくても、この二つが合意できないばかりに離婚が成立しないという話はよく聞くところです。なお、親権者や財産給付について、夫婦が話し合ってもまとまらないという場合には、家庭裁判所の調停を利用するといいでしょう。調停の手続きは手軽で、弁護士に依頼しなくても離婚する夫または妻本人だけでできますし、中立て費用もわずかです。詳しい手続きについては、各家庭裁判所のホームページや窓口で問い合わせることができます。

この他、離婚した後、取り決めた養育費が約束通り支払われないため、トラブルになるというケースも少なくありません。協議離婚で養育費の取決めをするときは、離婚相手が支払わない場合に備え、養育費の金額や支払方法を明記した公正証書を作成しておくといいでしょう。

ところで、離婚をめぐる法律の動きとしては、成人年齢の引下げと不妊治療の一環として行われる他人の精子を使って生まれた人工受精子の嫡出性の問題があります。未成年の子供がいる夫婦は子供の親権者を決めないと離婚できませんが、民法改正により令和四年四月からは成人年齢が満二〇歳から満一八歳に引き下げられます。最近では、養育費を大学卒業まで支払うという取決めも増えているようですが、この改正で、「満一八歳以上は成人だから養育費は払えない」と主張する元夫や元妻も出てきそうです。

なお、民法七七二条一項は、妻が結婚中に妊娠した子供は夫の子供と定めています。これは、不妊治療の一環として人工授精により子供を授かった場合も変わりません。しかし、夫以外の精子を使った場合、夫が同意していたとしても、子供が生まれた後で「自分の子供ではない」と嫡出性を否認する不誠実な夫もいます。夫婦が離婚した場合には、争いになるおそれ大です。このことは生まれた子供の福祉の面からも、また少子化対策としての有効な不妊治療法の普及の面からも問題でしたが、令和三年三月、「生殖補助医療の提供等及びこれによる出生した子の親子関係に関する民法の特例に関する法律」が施行され、妻が夫の同意を得て夫以外の精子を用いる不妊治療により妊娠した場合、夫は子供の嫡出性を否定できないと条文に明記されました。夫婦が離婚しても、元夫は生まれた子供の父親として扶養義務を負い、また元夫が亡くなると、子供は元夫の法定相続人として遺産を受け取れるのです。

ここではまず、最近気になった離婚トラブルを実例で紹介しましょう。

実例1

妻の不倫相手への離婚慰謝料の請求

妻の不倫が原因で離婚したので、夫は妻の不倫相手に離婚慰謝料を請求したいが…

秋田さんの妻好恵さんは、三年ほど前、パート先の上司と不倫関係になり、その関係は二年近く続いたのです。やがて、二人の関係は上司の妻や秋田さんの知るところとなり、好恵さんは上司との関係を清算、夫との結婚生活をやり直すこととしました。秋田さんも二度と浮気しないと謝る妻を許すこととし、一旦は夫婦関係を続けようと思ったのです。しかし、秋田さんは妻の不倫をどうしても許すことができませんでした。夫婦げんかの連続で、結局最近になって離婚したのです。秋田さんは結婚生活が上手くいかずに離婚したのは不倫が原因だから、元妻の不倫相手に慰謝料を請求できないかと考えていますが…。

【解説】●不倫が離婚の原因でも、原則として不倫相手は夫婦の離婚にまで責任を負わない

夫婦の片方、たとえば妻が不倫したという場合、夫はその不倫行為で精神的苦痛を被ったとして、法的には、妻とその不倫相手に慰謝料（不貞慰謝料）を請求できます。しかし、離婚慰謝料までは請求できないというのが、法律の考え方です。同様の事例で、「離婚は本来夫婦間で決めるべき事柄で、たとえ不倫が離婚の原因であっても不倫相手が直ちに離婚の責任を負うことはなく、夫婦を離婚させることを意図してその婚姻関係に対し不当な干渉をするなどの特段の事情がない限り、不倫された夫は妻の不倫相手に原則慰謝料（離婚慰謝料）を請求できない」とする最高裁判例もあります。

ポイント

▼夫は、妻の不倫による精神的苦痛に対し、妻の不倫相手に慰謝料（不貞慰謝料）を請求できるが、離婚に伴う慰謝料（離婚慰謝料）までは請求できない。

実例2

別居中の婚姻費用についての離婚後の請求権

妻から別居中の生活費を請求されたが…

宮城孝史さんは二年前、仕事の行き詰まりで悩んでいました。その鬱憤を専業主婦だった妻明子さんにぶつけ、時には手を上げることもあったので、身の危険を感じた明子さんが家を出たのです。自分に非があることもあり、やり直せると信じていた孝史さんは別居の申出を承諾し、それから一年余りは別居中の生活費月一〇万円を負担していました。しかし、その頃になると明子さんは離婚を主張し、その半年後に離婚したのです。離婚申出後は、彼女に生活費を渡していません。明子さんは生活費を支払えとの調停を起こしましたが、孝史さんが支払わないでいるうちに離婚が成立しました。既に離婚したのだから、未払いだったとはいえ、別居中の生活費を払う義務はないと思うのですが…。

【解説】●夫は離婚が成立した後も、別居中の妻への婚姻費用支払義務は消滅しない

夫婦は収入や資産などに応じて、その生活費（婚姻費用）を互いに分担する義務があります（民法七六〇条）。別居中の生活費でも原則同じです。しかし、離婚後に、未払いの婚姻費用を請求できるかどうかについては、「請求できる」とする考え方と、「離婚により請求権は消滅する」とする考え方があり、争いがありました。同様の事件で、「離婚しても請求権は消滅せず、婚姻費用の未払い分を請求できる」とする最高裁の判断（令和二年一月二三日決定）もあります。

ポイント

▼夫婦は別居中でも、相手の生活費を負担する義務がある。
▼別居中の婚姻費用は離婚前に請求していれば、離婚した後でも請求ができる。

実例3

離婚後も元夫の自宅に居座る元妻への明渡し請求

元妻に財産分与する家ではないので出て行ってもらいたいが…

福島さんは半年前に離婚しましたが、元妻に彼が所有する自宅に居座られて、ほとほと困っています。福島さん夫婦は長年、その家で夫婦生活を送ってきましたが、一年ほど前から夫婦仲が険悪になり、彼がその家を出たのです。元妻は、福島さんから今後の生活に困らないだけの財産分与がもらえるとわかると、黙って離婚届にハンを押しました。ただし、福島さん所有の自宅は財産分与には入っていません。

ところが、元妻は離婚後もその家に居座り、福島さんが立退きを求めても明け渡してくれないのです。困った福島さんは家裁に財産分与の家事審判を起こして、明渡しを求めようと思いますが、法律に詳しい知人から「家屋の明渡し請求は民事訴訟でしかできない」と言われ、考え込みました。家裁の審判と違い、民事訴訟は弁護士を頼むしかなく、かなりの時間と多額の費用がかかるからです。

【解説】●元妻が居座る住宅が財産分与されない不動産を家裁の審判で明渡し命令が出せる

財産分与をめぐる家裁の審判で、分与をされない不動産に居座った離婚相手に明渡しを命じられるか争われた事件で、「民事訴訟を別途起こさなければ明渡しを求められないとすると、離婚当事者は遠回りな手続きをすることになる」として、家裁の審判により明渡し命令を出せるとした最高裁の判断（令和二年八月六日決定）も出ています。

ポイント

▼財産分与をめぐる家庭裁判所の審判でも明渡しを命じることができる。

▼民事訴訟に比べ、家庭裁判所の調停・審判の方が審理期間が短くて済む。

実例4

姑との同居や介護の強要と離婚原因

妻はボケ老人になった姑の面倒をみるくらいなら離婚すると…

中田さんは妻と、彼の母親を引き取るかどうかで揉めています。八〇歳で認知症の母親に一人暮らしは無理という点は同意見ですが、自宅に引き取り介護したい中田さんに対し、妻は老人ホーム入所を求め、折り合いがつかないのです。引き取った場合、実際に介護するのは勤め人の彼ではなく妻の方ですから、当然と言えば当然かもしれません。

妻は、「ボケ老人の姑の面倒押し付けるなら、離婚よ！」と、強硬です。中田さんは引取り扶養を諦めるつもりはありませんが、妻が本気で離婚を求めてこないかと少し不安になっていますが…。

【解説】●姑の介護をしたくないという理由では離婚できない

法律上、他に扶養義務者がいないなど特殊な事情がなければ、妻には夫の両親（舅姑）を介護する義務はありません（民法八七七条一項、二項）。ただ、「妻が舅姑の介護をするのは当然」という考え方が世間に定着しているのも事実です。そのため、姑の面倒をみるくらいなら離婚を選ぶという妻がいても不思議ではありません。しかし、これだけの理由では裁判所は離婚を認めないでしょう。

中田さんの妻は引取り扶養に反対しているだけで、姑を扶養することには同意しているようです。施設入所をさせ、週末などに自宅に連れて来て介護する方法なども検討したらどうでしょう。

ポイント

▼妻には民法上、姑の介護＝扶養をする義務はない（原則）。

▼姑の介護は同居か、施設入所かの二者択一ではない。

実例5

離婚して子供と同居しない親の面会権

元妻が子供との面会を拒否したら元夫の父親は子供に会えないのか…

北沢和夫さんは妻道子さんと別れることにしました。四歳になる一人娘の沙織ちゃんは道子さんが引き取る代わりに親権者には北沢さんがなることで話がまとまりましたが、彼が離婚届にハンを押すと、道子さんは「離婚後は沙織に会わせない」と言い出したのです。北沢さんは納得できません。

北沢さんは今、これから娘さんに会えなかったらどうしようと心配ですが…。

【解説】●父親なら、離婚後も子供に会う権利がある

未成年の子供がいる夫婦が離婚する場合、子供を引き取らない父親や母親は、離婚後に子供と面会したり、交流する権利（面会交流権という）があります。子供を引き取った母親（元妻）や父親（元夫）は、正当な理由がないのに、その面会や交流を拒否することはできません。判例にも面会交流を認めたものがあります。具体的に面会の日時や頻度、時間や引渡し場所などを決めたのに、その約束を守らない親に金銭支払い（**間接強制**という）を命じました（最高裁・平成二五年三月二八日決定）。

なお、虐待するような親は別として、民法七六六条には、「未成年者の父母が協議上の離婚をするときは、父または母との面会およびその他の交流について協議で定める」と、離婚時には父母と子供との面会交流について協議するよう明文化されています。

ポイント

▼協議離婚の場合、未成年の子供との面会や交流について話合いで定めるよう民法規定がある（離婚届にも面会交流について記載する欄がある）。

実例6

離婚して妻が引き取った子供への虐待と親権

元妻の再婚相手が、元妻が親権者となって引き取った娘を虐待しているらしいが…

久野純一さんは二年前、妻と離婚しました。その際、元妻が親権者となって引き取った娘の香織さんが、元妻の再婚相手の男から虐待を受けていることが最近わかりました。元妻は娘を守るどころか、再婚相手に加担しているという噂です。父親として早急に何とかしなければとは思いますが、純一さんも再婚し、新しい妻に子供が生まれたばかりで。香織さんを引き取る余裕はありませんが…。

【解説】●児童相談所に相談するとともに、母親の元妻の親権を停止する手続きを大至急取る

親権は未成年の子供の監護および教育についての権利・義務で、離婚においては夫婦の一方が親権を持つことになります。ただし、親権の中身を分けて、親権者を夫婦の一方の親に、監護権者をもう片方の親にすることは可能です。ただし、再婚の場合は、連れ子との養子縁組がなければ、再婚相手がその子の親権者になることはありません。

なお、このケースのように親権者やその再婚相手による子供への虐待がわかった場合は、家庭裁判所に急いで親権変更や親権喪失（民法八三四条）または親権停止の審判の申立て（法八三四条の二）をしてください。なお、虐待の疑いがある場合には引き取る余裕がないからといって放置せず、児童相談所に子供の一時保護などをしてくれるよう相談することです。子供の命がかかっています。

ポイント

▼家庭裁判所に元妻の親権喪失や親権停止の審判の申立てをする。

▼最寄りの児童相談所や警察に虐待の事実を通報し、相談する。

実例7

離婚後の養育費の請求

養育費などいらないと言った元妻から養育費を請求されたが…

坂井良一さんは三年前に典子さんと協議離婚しています。二人の間には一人息子の健一君がいましたが、当時良一さんより収入の多かった典子さんは、「養育費はいらないから代わりに健一の親権者になることを認めて」と主張し、健一君は彼女が引き取り、養育していました。

ところが数日前、典子さんから良一さんに「養育費を出してほしい」と連絡してきたのです。勤務先の会社が倒産し、今はパート暮らしなので収入が減ってしまったと言います。良一さんの会社もコロナ禍で売上げが減り、彼の手取りも前より少なくなっていましたが、養育費は元妻のためではなく自分の子供のために出すのだと考え、できる範囲で出すことにしました。

ただ、養育費の金額の話合いはこれからで、余り高額な要求だと困るとも思っているのですが…。

【解説】●養育費は離婚後でも請求できる

典子さんのように離婚する際に「養育費はもらわない」と言っても、事情が変われば養育費の請求はできます。相手が応じなければ、家庭裁判所に調停を申し立てることです。なお、裁判所の基準は一定の方式により養育費の金額を算定しますが、元夫婦が話し合って決める場合には金額や支払方法は自由に決められます。ただ、支払いは長期にわたるので、余裕のない取決めはNGです。

ポイント

▼未成年の子供がいる夫婦が協議離婚する場合、養育費について定めておくべきである。
▼一度決めた養育費は、事情が変われば離婚後に変更を求めることができる。

実例8

離婚相手へのリベンジポルノ

離婚した元妻の再婚話に怒り、彼女の全裸写真をネットに投稿したら…

川田さんは三か月前、会社の部下との浮気がバレ、妻恵子さんに押し切られて離婚したのですが、慰謝料と財産分与の金額は折り合いがつかず、離婚後の今も話合いを続けています。

ところが先日、共通の友人がSNSに恵子さんの再婚話を書き込んでいるのを見つけ、驚いて確認すると事実でした。しかも相手の男性とは二年以上前から付き合っていたと言います。浮気したのは彼女の方が先で、激怒した川田さんは、まだ仲睦まじかった頃に撮影した恵子さんのベッドでのあられもない動画をネット上にアップしたのです。誹謗中傷するキャプションを付けて…。

【解説】●元夫婦でもリベンジポルノだとして訴えられる可能性が高い

元妻や元恋人への意趣返しで、相手の全裸や性行為中の姿など性的な画像を無断でネット上に配信するリベンジポルノは、「リベンジポルノ防止法（私事性的画像記録の提供等による被害の防止に関する法律）」違反の犯罪行為です。被害者から名誉毀損で損害賠償を払わされることもあります。

川田さんの場合、離婚給付の取決めはまだでしたから、相手が先に浮気した事実を突きつけて反対に慰謝料を請求するなど話合いを有利に進めることもできたはずですが、怒りに任せてリベンジポルノをしたため、たとえ刑事告訴は免れたとしても法外な賠償額を要求されるのは間違いありません。

ポイント

▼怒りに任せたリベンジポルノは離婚交渉を不利にする。
▼慰謝料や財産分与は離婚後に話し合ってもいい。

第1章

知っておきたい離婚の実態

お父さん、これが離婚の現実です！

●令和二年一年間の離婚件数は、一九万三二五一件でした（概数）。平成一四年をピーク（約二九万件）に減少傾向でしたが、平成七年以来二五年振りに二〇万件を割り込んだのです。もっとも計算上、二分四〇秒ごとに離婚が成立し、夫婦の三組に一組近くが離婚する今日、離婚は「特別なこと」ではありません。この章では、日本の離婚の現実を紹介します。

離婚にそなえて、これだけは知っておこう

――離婚に必要な基礎知識――

●本人同士の話合いができる間は、夫婦は十分やり直せる

どんなに仲の良い夫婦でも、真剣に離婚を考えたことが一度や二度あるでしょう。相手と結婚したこと自体、悔やんでいる人もいると思います。しかし、実際に離婚する夫婦の割合（離婚率）は、人口千人に対して一・五七人といったところです（厚生労働省・令和二年人口動態統計・概数による）。大概の夫婦は、互いの離婚の意志に気づくことさえ稀ではないでしょうか。また、たとえ離婚話が持ち上がっても、何とか夫婦関係を修復して、再び結婚生活を続けるケースが多いと思います。

しかし、本人同士の話合い（友人や家族、仲人などが間に入ってくれる場合も含めて）ができる場合はともかく、相手方が強行に離婚を主張、話合いにも応じてくれないようなときは危険です。とくに、家庭裁判所に離婚調停の申立てをされてしまったという場合、夫婦関係の修復は容易ではありません。申立てをした夫婦の五割以上が協議離婚や調停離婚に至っています。

離婚を避けたい場合、裁判所に申立てを起こされる前にトラブルを解決した方がベターです。もし、運悪く話合いで夫婦仲が修復できず、家庭裁判所に解決が持ち込まれた場合、離婚もありうると覚悟してください。その場合には、無理に結婚生活を続けようとせず、むしろ離婚を前提に有利な条件で別れることを考えた方がいいかもしれません。

★離婚で夫が考えておくことのポイント

離　婚　の　請　求

自分（夫）が離婚したいとき

◆考えること

・本当に離婚したいのか
　→一時の感情ではないのか
・離婚できるかどうか
　→離婚理由の検討
・離婚条件をどうするか
　①子どもの問題
　②離婚に伴うお金の問題
・離婚後に起きる問題

↓

離婚および離婚条件の話合い

- 妻が離婚を承諾 → 離婚届
- 妻が離婚を拒否 → 法的手段（調停⇨訴訟）

妻から離婚してくれと言われたとき

◆検討すること

・離婚したい理由は何なのか
　→離婚理由の検討
・離婚に伴う要求はどうなっているのか
　①子どもの問題
　②離婚に伴うお金の問題
・離婚後に起きる問題

↓

離婚および離婚条件の話合い

- 夫が離婚を承諾 → 離婚届
- 夫が離婚を拒否 → 法的手段（調停⇨訴訟）

離　婚　届　⇨　（離　婚）

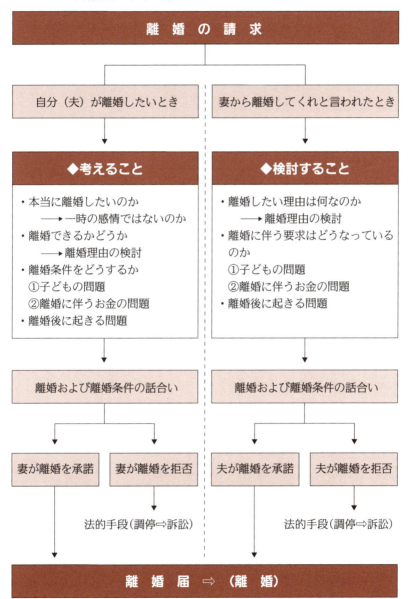

離婚に当たって考えなければならないことは、①自分（夫）が離婚したい場合と、②妻が離婚を望んでいる場合では、若干異なります（前頁図解参照）。①の場合、妻側に浮気などの離婚原因がある場合は別として、離婚は夫側（自分）の都合ですから、慰謝料や財産分与を多くするなど、離婚条件での譲歩は仕方ないでしょう。また、②の場合には、まず妻が離婚したい理由を、感情的にならずに考えてみることです。離婚原因が自分の側にある場合、離婚条件が不利になるのも仕方ないと思います。とはいえ、あまりにも法外で過大な要求は認める必要はありません。いくら自分に非がある場合でも、断固拒否すべきです。

●どんな理由でも離婚できるというわけではない

離婚の態様には、①協議離婚、②調停離婚、③審判離婚、④裁判（判決）離婚、があります（他に、裁判中に夫婦が互いに離婚に合意する和解離婚、相手の請求を認め離婚を承諾する認諾離婚もある）。協議離婚は本人同士の自由な話合いで決まりますが、夫と妻が離婚に合意すれば、どんな理由でも、あるいは理由がなくても離婚できます。しかし、夫婦の一方（たとえば妻）が離婚に同意しない場合、片方（夫）がどうしても離婚したければ、家庭裁判所に②～④の手続きを申し立てるしかありません。ただし、この場合、いきなり離婚したいという裁判は起こせません。まず、家庭裁判所に離婚調停を申し立てることになっています。むろん、裁判所に申し立てても、必ず離婚できるとは限りません（左頁図解参照）。

また、裁判で離婚が認められるためには、少なくとも民法七七〇条一項に例示された五つの離婚原因のどれかに該当することが必要です（41頁参照）。この五つの離婚原因のうち、配偶者の浮気、悪意の遺棄、生死不明、回復の見込みがない強度の精神病、の四つは具体的な例示ですが、五つ目の「その他、結婚を

★離婚で夫が考えておくことのポイント

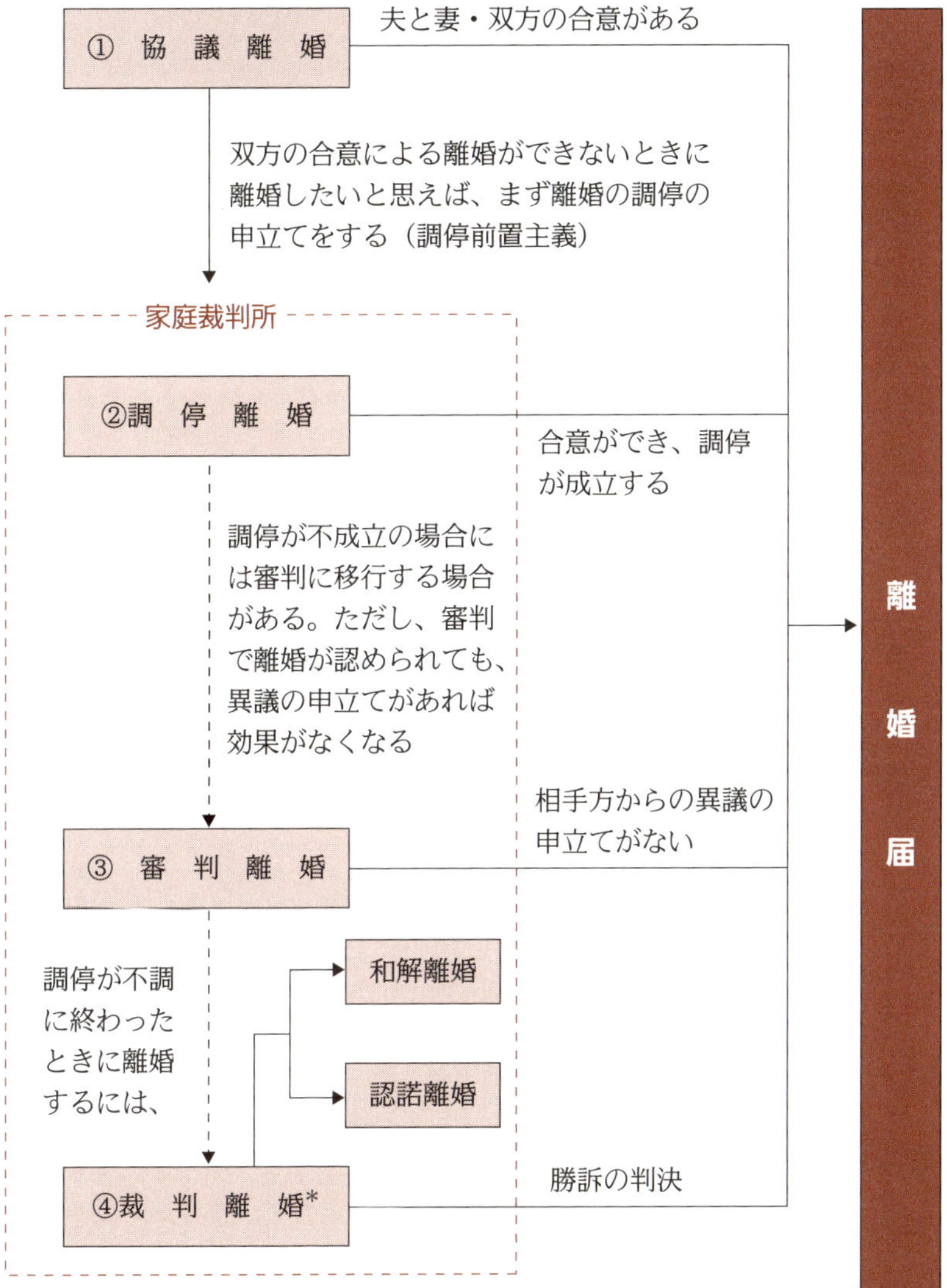

＊裁判での離婚が認められるためには、民法 770 条に定められた離婚原因が必要で、離婚原因がなければ、裁判での離婚は認められない。なお、人事訴訟法（平成 15 年 7 月 16 日公布）により、離婚裁判も家庭裁判所で行うことになった。

続けられない重大な理由があるとき」という離婚原因は抽象的です。これは、暴行・虐待、勤労意欲の欠如、浪費癖、愛情の喪失、犯罪、肉体的欠陥、性的異常、わがままな性格、性格の不一致、宗教活動などが、該当すると考えられます。

なお、この五つの離婚原因があるからといって、裁判所は必ずしも離婚を認めるとは限りません。民法は「夫婦の一切の事情を考慮しても結婚を続けることが相当と認めるときは、裁判所は離婚の請求を棄却することもできる」と定めています（同法七七〇条二項）。

●慰謝料や財産分与の算定には、一定のルールがある

離婚において支払われる金銭（離婚に伴う給付金）には、慰謝料と財産分与のほか、未成年の子どもに対する養育費と離婚成立までの生活費があります。いずれも、一定のルールに従って、その金額が算定されます（左頁図解参照）。

一時払いにせよ、分割にせよ、相手への支払いは、通常現金（振込みなども含む）でしますが、取り決めた金額が高額の場合や給付者（支払う人）の資産が不動産しかないという場合には、財産分与として、そのまま不動産を引き渡すこともあります。しかし、この場合、給付者に譲渡所得税や贈与税が課せられることもあるので注意して下さい。

また、養育費については、子どもが何歳になるまで支払えばいいのか、その支払期間が問題になります。主な考え方は、①義務教育卒業まで、②満一八歳まで、③高校卒業まで、④大学や専門学校卒業まで、の四つですが、最近では、④の大学卒業まで養育費を支払うケースが増えているのではないでしょうか。

★離婚と慰謝料・財産分与の問題のポイント

離婚に伴う給付金*

＊離婚する前の別居中の生活費などの婚姻費用も請求の対象になる

財　産　分　与	慰　謝　料	養　育　費
婚姻中にお互いが築いた財産の分配（婚姻前に持っていた財産などは含まない）で、離婚後の弱者に対する扶養料、過去の婚姻費用の清算も含まれる。 ・財産分与には慰謝料を含めて定めることができる ・借金（負債）も分与の対象となる ・離婚時年金分割制度で年金を受け取れる場合には、財産分与の金額に影響が出るケースもある。	精神的打撃に対する損害賠償で、①離婚の原因をつくった側が支払う離婚原因慰謝料と、②離婚により配偶者としての地位を失うことによる離婚自体の慰謝料とに分類される。 ・現実には離婚に至る事情を総合的に判断し、上記①②を一体として金額が決まる	未成熟の子どもが社会人として成長自立するまでの費用で、通常、子どもの親権者に対して、他方の配偶者から支払う。 ・養育費には、子どもの衣食住の費用・教育費・医療費・適度の娯楽費などがある ・養育期間は高校卒業までというケースが多かったが、近年は大学や専門学校などの卒業時までという例も増えている。
いくらになるか		
専業主婦の場合、寄与度に応じて共有財産の30%～50%としたものが多い。 ・共稼ぎ、家業協力者の場合には、寄与度50%前後とするものが多い	ケース・バイ・ケースだが、慰謝料を認めた判例では、200万円～300万円程度が多い。 ・中には1,000万円を超す判例もある	子どもの養育費は父母がそれぞれの収入により按分して負担する。 ・統計資料によれば、子ども１人の場合は1万円～6万円で、2人の場合は2万円～6万円が多い

話合いがつかないときは、家庭裁判所に調停（審判）の申立てをする

未成年の子どもは、父母のどちらに引き取られたかには関わりなく、原則として、収入の多い親の生活レベルで暮らせるよう養育費の請求ができます（子どもの扶養請求権）。また、養育費の金額や期間は、一度決めたら絶対変更できないというわけではなく、双方の事情や社会情勢の変化により変えることもできます。この場合、話合いがダメなら、調停等で養育費の増減を請求すればいいのです。

なお、結婚中の生活費は、それぞれの収入等にあわせて分担することになっています（民法七六〇条）。そこで、相手に一定の収入がなければ、たとえ離婚を前提として別居中でも離婚が成立するまでは、原則として相手の生活費を負担しなければならないのです。

●夫婦の間に未成年の子どもがいるときは、親権者を決めないと離婚できない

離婚は、本人同士（夫と妻）の合意があれば自由にできますが、夫婦の間に未成年の子どもがいる場合は、その子どもの親権者を決めないと市区町村役場で離婚届を受け付けてくれません（左頁図解）。夫婦の話合いで決まらないときは、裁判所に申し立てて親権者を決めてもらうこともできます。

一般的には、母親が親権者になるケースが大半のようです（親権者が父親の場合でも、実際には母親が監護者として子どもの扶育に当たるケースもある）。とくに、調停や裁判離婚で親権者を決める場合には、父親が小学校低学年以下の子どもの親権者になるケースはほとんどありません。しかし、相手方が離婚の際の取決めを無視して、子どもを勝手に自分の所へ引き取ってしまうというケースもあります。この場合には、強引に、または力ずくで子どもを取り戻すこと（自力救済という）はできません。親権者は、親権妨害を排除して子どもを返せと、裁判所に訴えるしかないのです（まずは調停から始まる）。

★離婚と子の問題のポイント

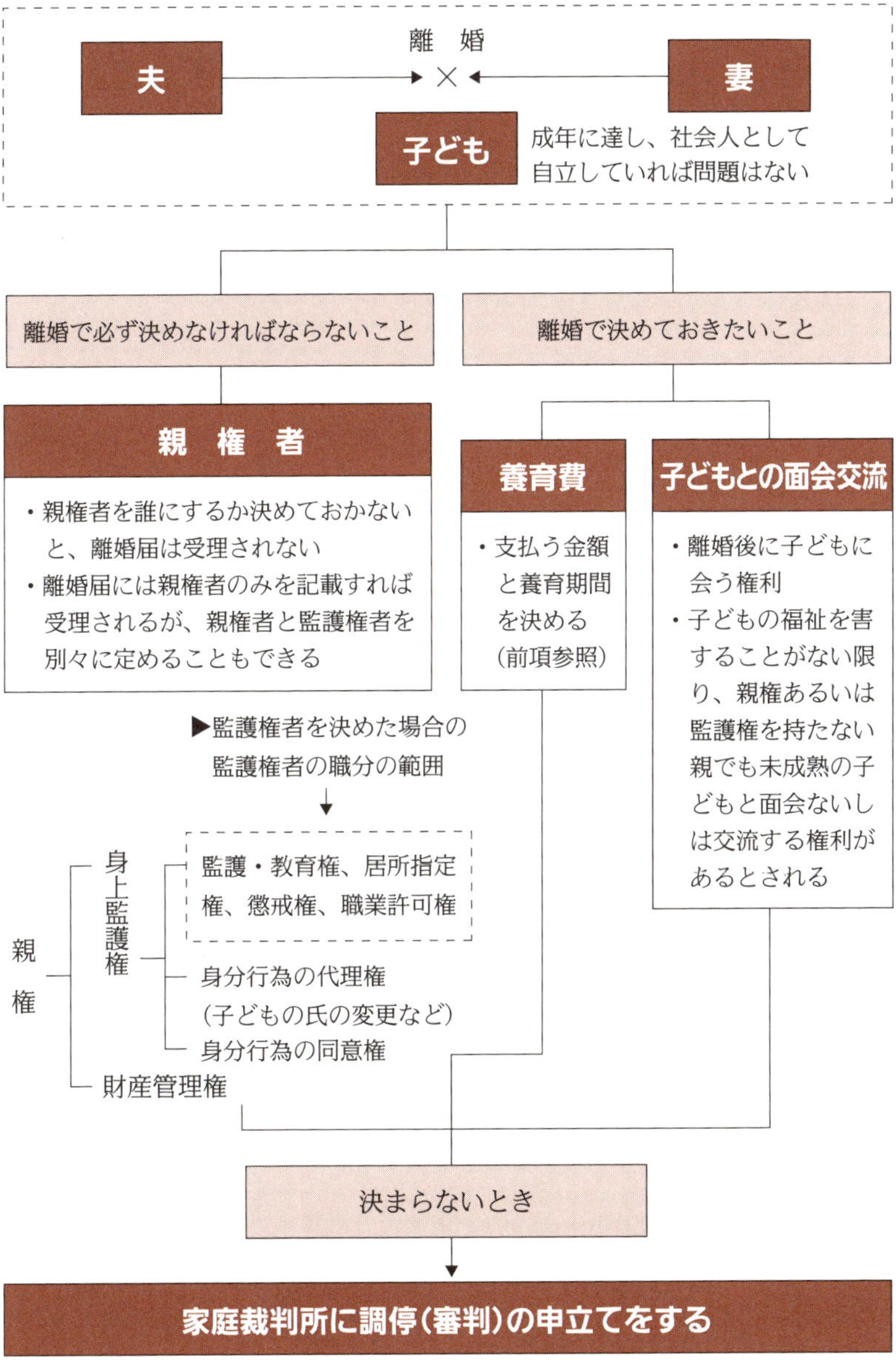

離婚調停中の夫が子どもに面会した際、連れ帰らないという合意を無視して、強引に長男を連れ去り、妻から子どもの引渡しを求められた訴訟で、最高裁は夫の行為に顕著な違法性があると指摘しています。この事件は、長男を連れ去った夫が医師で、その両親も資産家であることから、一審広島地裁は「長男は妻が引き取る場合よりも良好な養育環境にある」などの理由で、夫の行為は違法とは言えないと、妻側の請求を棄却しています。しかし、最高裁は「夫の行為は調停手続きを無視して妻の信頼を裏切ったもので、顕著な違法性がある」と認定し、法の解釈適用を誤った違法性があると一審判決を破棄、審理のやり直しを命じたのです（平成十一年四月二六日判決）。最高裁はまた、長男の現在の、元夫のもとでの養育環境が良好であることは、この判決を左右しないとも述べています。

なお、民法が一部改正され（平成二三年六月三日公布）、離婚後の子どもとの面会や交流（面接交渉権）も協議離婚の話合いで定めるよう明文化されました（七六六条一項）。

●協議離婚の成立は離婚届が出されたとき

法律上、離婚の成立時期は、その態様により異なります。たとえば、協議離婚は離婚届を市区町村役場に提出、受理されたときですが、調停離婚は調停が成立したときです。また、審判離婚や裁判離婚は決定や判決が確定した時点です。どの離婚かにより、離婚届を出す際の必要書類が違ってきます（左頁図解）。なお、離婚の成立により、夫婦は別々の戸籍に移りますし、また夫婦の戸籍（元々の姓を夫婦の姓とした人の戸籍。夫の姓を選ぶ夫婦がほとんど）から抜けた相手方は、その姓（法律上は氏という）をどうするかなど、決めなければならないことが少なくありません。

★離婚と戸籍の問題のポイント

離婚の態様と必要書類

- 協議離婚⇨離婚届のみで成立
- 調停離婚⇨調停調書の謄本が必要
- 審判離婚⇨審判書の謄本と確定証明書
- 和解離婚⇨和解調書の謄本が必要
- 認諾離婚⇨認諾調書の謄本が必要
- 裁判離婚⇨判決書の謄本と確定証明書

離　婚　届

離婚届は役所にあり，１通提出すればよい（本籍地でない役所に届け出る場合は戸籍謄本が必要）

離婚届の書式，記載方法については 213 頁以下を参照

↓ 提出※

※協議離婚以外は調停成立日または裁判所の判決確定日から10日以内に届け出る

市町村役場

受　　理

↓

姓はどうなるか

結婚によって姓を変えた人

以下の選択ができる
①結婚前の姓にもどる
　結婚（婚姻）前の戸籍に入籍するのが原則
②婚姻中の姓を使用する
　離婚の日から３か月以内に「離婚の際に称していた氏を称する届出」をすることが必要で，新戸籍が編纂される

子どもの姓

親の離婚によってかわることはない

↓ 母親と子どもの姓が異なる場合などで

姓を変更したいとき

親権者が家庭裁判所に子どもの氏の変更許可の申立てをする

不受理となる場合

- 子どもの親権が決まっていない場合
- 離婚届の記載項目に遺漏（もれ）がある場合
- 離婚届の不受理申立てがなされている場合

離婚は計算だ！

離婚でももめるのは結局カネ！——妻の理不尽な要求に対抗する方法

●はじめに

離婚は結婚よりパワーがいる——離婚経験者にお話を聞くと、大概の人はそう答えます。それなら離婚などしなければいいと思うのですが、当事者にとってはまず別れたいという感情が優先するようです。

ところで、離婚に際し、もめることが多いのは、①離婚給付（慰謝料、財産分与、養育費など）の金額、②子どもの親権、だと言われます。お互い離婚に異存はないが、この二つが決まらず、離婚できないという夫婦は、意外に多いようです。

子どもの親権と財産分与・慰謝料については、第２章の具体的事例でも紹介していますので、ここでは平成十九年四月から施行になった「離婚時年金分割制度」と、子どもの人数と年齢、夫婦の職業と年収さえわかれば誰でも簡単に標準的な養育費を導き出せる「養育費算定表」について紹介します。

●夫が厚生年金なら、離婚した妻は夫の年金をもらえる——離婚時年金分割制度

別れた夫の年金が半分もらえる——離婚時年金分割制度の施行後は、誰でもそうなると誤解している妻の方々も多いと思います。しかし、分割されるのは、夫（または妻）が厚生年金か、共済年金加入者の場合だけです（国民年金には適用されない）。しかも、分割されるのは、夫の年金額すべてではありません。

老齢厚生年金（老齢基礎年金〈国民年金〉を除いた報酬比例部分の年金）のうち、結婚期間に相当する部分だけです。ですから、妻が実際に受け取れる夫の年金は、さほど多くありません。

ところで法律では、この離婚時年金分割制度の対象を配偶者（夫または妻）の厚生年金（または共済年金）と定めています。つまり、妻が厚生年金加入者の場合は、夫が離婚時年金分割により、結婚期間に相当する妻の老齢厚生年金の最大二分の一をもらえるのです。

具体的なケースで考えてみましょう。

1 厚生年金に四〇年間加入した夫が、結婚三〇年（加入期間中）で専業主婦の妻と別れたら

この場合、離婚した妻が受け取れる夫の年金は、夫の老齢厚生年金の四分の三（分割の対象となる部分）の最大二分の一（最大八分の三）です。平成二〇年四月以降に離婚した場合は、平成二〇年四月から離婚までの期間に相当する夫の老齢厚生年金は自動的に二分の一になりますが、平成二〇年三月までの期間に相当する年金の分割割合は、当事者の話合いや家庭裁判所の調停で決まります。

たとえば、夫の年金額が月額二三万六〇〇〇円（老齢基礎年金六万六〇〇〇円、老齢基礎年金一六万円）だとすると、年金分割により妻がもらえる夫の年金は最大六万円（老齢厚生年金一六万円×八分の三）にすぎません。結婚相当期間が一五年なら三万円、二〇年なら四万円、二五年なら五万円です。実際の計算はもう少し複雑ですが、目安としてこの程度だということを覚えておくといいでしょう。

なお、この離婚時年金分割を請求できるのは離婚後二年間までです。二年がすぎると、財産分与と同様で、分割を請求できません。

2　共稼ぎで、夫婦とも厚生年金に加入している場合の年金分割は

結婚しても、子どもができるまでは共稼ぎという夫婦も少なくありません。また、子育てが終わったら、何らかの形で再び共稼ぎを始める夫婦も多いと思います。この場合、妻も厚生年金なら、その結婚期間に相当する部分は、夫側からも分割を請求できるのです。たとえば、1のケースで一〇年間共働きをして、その後は専業主婦になった妻も、彼女自身の老齢厚生年金として月額六万円をもらえるとします。

まず、共働きの期間の年金について考えてみましょう。夫婦の老齢厚生年金の差額は一〇万円ですから、妻は夫の年金から一万二五〇〇円（一〇万円×四分の一〈共稼ぎ期間一〇年÷加入期間四〇年〉×二分の一）を受け取れます。次に、専業主婦の期間は、妻は夫の老齢厚生年金のうち四万円（一六万円×二分の一〈専業主婦二〇年÷加入期間四〇年〉×二分の一）を受け取れます。合わせて最大五万二五〇〇円が、夫の年金から妻が受け取れる金額です。

●子どもの数と年齢、夫婦の収入がわかれば、養育費は簡単にわかる――養育費算定基準

家庭裁判所の離婚調停等事件で決められた養育費（夫から妻に払われる場合）の金額は、その八割強が月八万円以下です（令和二年司法統計年報家事編）。もう少し細かく見ると、もっとも多いのは「月二万円超四万円以下」が三二・五パーセントと、全体の約三分の一を占めます。次いで「月四万円超六万円以下」が二五パーセント、さらに「六万円超八万円以下」が一三・〇パーセントの順で多く、「月二万円超八万円以下」の養育費が七割強です。

ところで、この養育費の算定方式には、①実費方式、②生活保護基準方式、③労研方式、④養育費算定表方式があります（2章・離婚話14解説・148頁参照）。ここでは、誰でも簡単に標準的な養育費を導

●養育費算定表の使い方

① 養育費を必要とする子どもの数と年齢で、該当する表を選びます

④ ②と③の交差する部分が標準的な養育費の金額です

養育費算定表(1)●子どもが1人(0〜14歳)

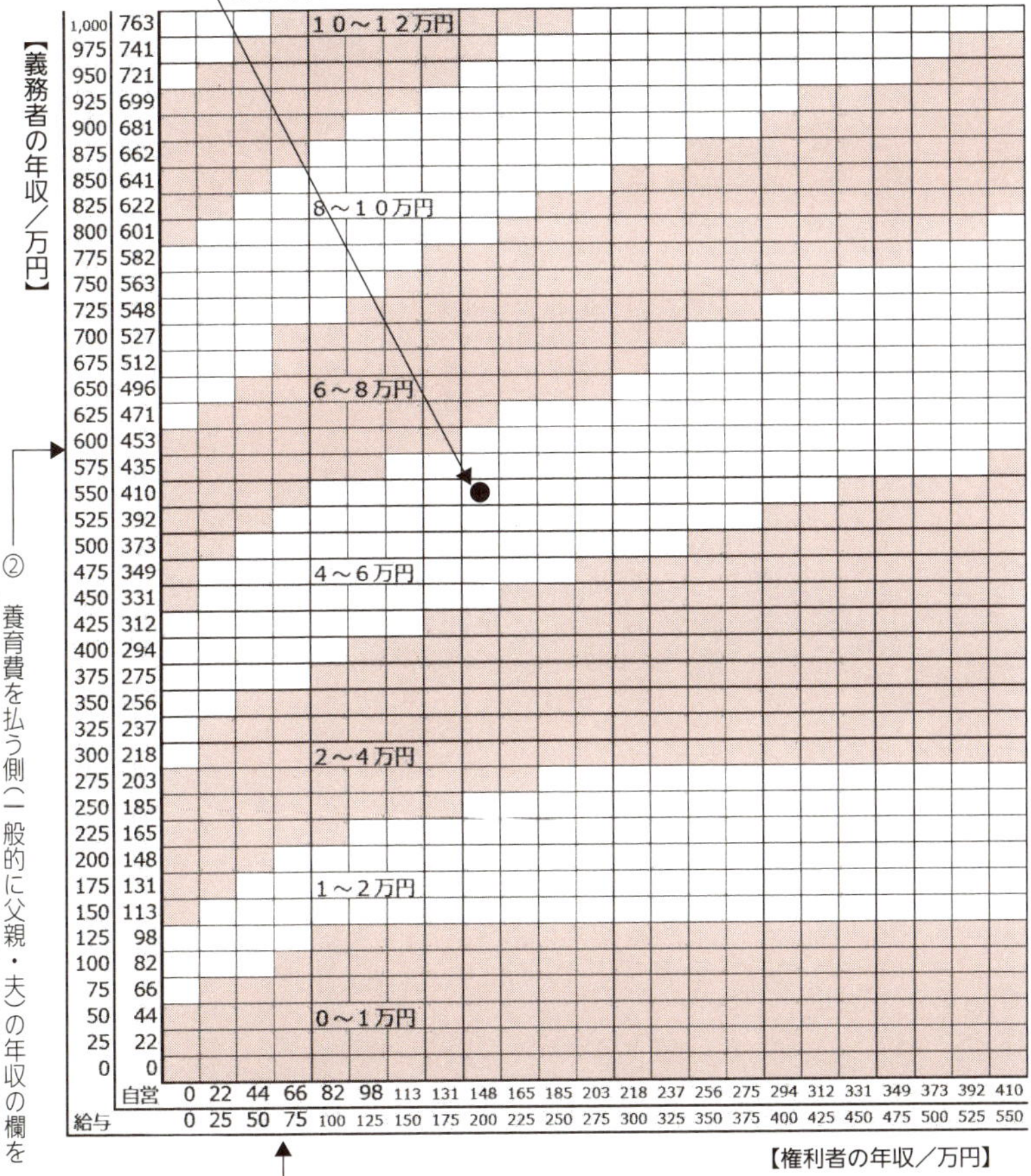

② 養育費を払う側(一般的に父親・夫)の年収の欄を探します(サラリーマンなら左側の「給与」の数字)

③ 子どもを実際に育てる側(一般的に母親・妻)の年収の欄を探します(パートなら下側の「給与」の数字)

〔例〕元夫はサラリーマンで年収550万円、元妻はパートで年収200万円、子どもは一人で8歳／この場合には、月額4〜6万円が標準的な額となります。

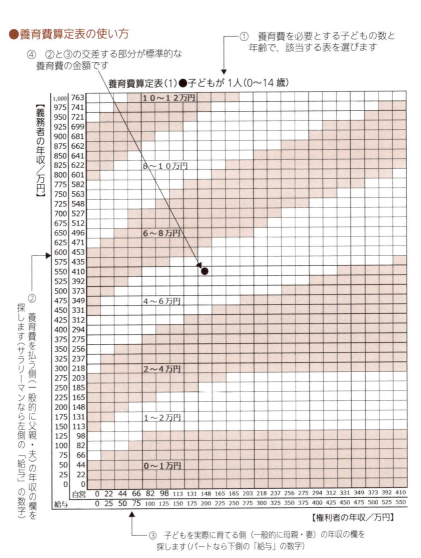

き出せる養育費算定方式と算定表の使い方を紹介します（前頁算定表参照。より詳しい算定表は237頁～238頁に掲載しています）。

この方式は、子どもの数（一～三人）、その年齢（〇歳～一四歳、一五歳～一九歳）、養育費を払う親と子どもを引き取り育てる親のそれぞれの職業（給与所得者、自営業者）と収入だけで、養育費を算定するものです。子どもの数と年齢に応じた算定表（グラフ）がつくられていて、養育費を支払う側と子どもを育てる（養育費をもらう）側の職業と年収がわかれば、該当する算定表から簡単に標準的な養育費を導き出せます。個々の当事者の個別的な事情は考慮しませんが、具体的な数字が出るので便利です。養育費の金額をめぐって、相手との意見の差が大きい場合、また「いくら払ったらいいかわからない」という場合など、この算定表で標準的な養育費の基準を出しておけば、話合いがスムースにいくと思います。算定表の使い方は簡単ですので、ぜひ覚えてください（掲載の表は令和元年版・前頁参照）。

では、具体的なケースで、標準的な養育費を出してみましょう。

1　離婚し、八歳の子どもは妻が引き取った。妻はスーパーのパートで、年収二〇〇万円。養育費を払うよう求められたが、年収五五〇万円の夫は、いくら養育費を払えばいいか

前頁の「養育費算定表の使い方」は、この事例の養育費を導き出す手順を示したものです。まず、①算定表の中から、「子どもが一人（〇～一四歳）」の算定表を選びます（前頁表は一部。算定表237頁参照）。選んだら、次に②「義務者の年収」の欄を見てください。これは「養育費を支払う側」の年収です。二列の数字がありますが、左は給与所得者の収入、右が自営業者の収入です（自営業者の年収が給与所得者より低いのは、必要経費が控除されているから）。この収入は、いわゆる「手取り」ではなく、税引き

前の課税所得をいいます。事例の夫はサラリーマンですから、給与所得の五五〇万円の欄です。

同様に③「権利者の年収」を見てください。これは「養育費をもらう側、子どもを育てる親」の年収です。事例の妻はパートですから、こちらも給与所得者の列で、二〇〇万円の欄を選びます。そして、④支払う側（②）と受け取る側（③）の年収欄が交差する部分の数字が、標準的な月額の養育費となります。この事例では、月額四～六万円です。

2　父母の条件は1と同じで、子どもが二人（八歳、五歳）の場合、養育費はいくら増えるか

今度は、「子どもが二人（二人とも〇～一四歳）」の算定表（238頁上表参照）を使います。1の事例と同じ手順でグラフから養育費を導き出すと、月額六～八万円です。1より二万円程度増えています。

3　2のケースで、夫の年収が六〇〇万円（五〇万円増）の場合、養育費は増えるか

この事例も、「子どもが二人（二人とも〇～一四歳）」の算定表を使います。今度は、夫の年収が五〇万円アップしていますが、この表から導き出された標準的な養育費は、月額八～一〇万円に増えます。

4　2のケースで、子どもの一人が一七歳の場合、養育費は増えるか

今度は、「子どもが二人（一人は〇～一四歳、一人は一五～一九歳）」の算定表（238頁下表）を使います。同じ手順で養育費を導き出すと、月額八～一〇万円と、二万円増です。子どもが一五歳以上の場合、養育費がかかるので、算定表の数字も高めにつくられています。

ただし、この算定表は当事者の個別的な事情をまったく考慮していません。実際の養育費の算定に当たっては、それぞれの資産状況や家族状況、東京など大都市とそれ以外の地域の経済格差なども考慮する必要があります。この算定表は便利ですが、ここで出された金額は〝あくまで目安〟だと考えてください。

妻側の理不尽な要求と対抗法のポイント

妻側の離婚などの要求に対して、夫はつい冷静さを欠いて理不尽な要求と思いがちです。しかし、理不尽かどうかは、社会通念（具体的には、調停や裁判の判決）で決まります。

【離婚そのものに関する理不尽な要求】

●自分が浮気しているのに離婚を言い出す→浮気などをしている（離婚原因がある）側からの離婚請求は、原則として裁判所は認めない。

＊別居期間が長期に及び、婚姻生活が完全に破綻している場合などは離婚を認めることもある。

●真面目にやっているのに離婚してくれと突然言われた→こうした場合、問題になるのが性格の不一致（実質的に夫婦間の愛情が喪失し、婚姻生活が破綻しているかどうかが問題となる）。

＊円満な夫婦関係回復が期待できると思われる場合、離婚は認められない。

●リストラで解雇されたら離婚してくれと言われた→リストラによる解雇自体が離婚原因となることはない。

＊リストラ後、再就職しないなど勤労意欲が欠如して、いさかいが絶えず、婚姻生活が破綻している場合は離婚されても仕方ないこともある。

【慰謝料・財産分与に関する理不尽な要求】

●妻の浮気が原因の離婚なのに妻から高額な慰謝料を要求された→慰謝料は原則として離婚原因をつくった側から他方の配偶者に支払われるものだから、この場合には逆に、妻に対して慰謝料の請求ができる。

＊財産分与の請求は婚姻中に二人で築いた財産の分配なので拒否できない。

●定年退職した時に離婚を請求され、しかも退職金を欲しいと言われた→通常の婚姻生活（結婚生活が破綻していると客観的に思われない場合）であれば、離婚請求そのものが認められない。

＊夫婦間の愛情がすでに喪失し、婚姻生活が破綻している場合、離婚請求が認められれば、財産分与も行わなければならない。

【子供の問題に関する理不尽な要求】

●ろくに子供の面倒もみなかったのに親権者になりたいという→子供のことを考え、妻が育てるのは無理というのであれば拒否できる。

＊妻との話合いがつかなければ、調停・審判で、子供にとってどちらを親権者にすればよいかを判断してもらえる。

●離婚後は子供に一切会うなと言う→面会交流権（面接交渉権ともいう。子供に会う権利）は親の固有の権利で、妻が反対しても会うことはできる。

＊子供のことを第一に考え、会う日時や場所などを事前に決めるなどの方法によることになる。

第2章

お父さんのための離婚話22

ケース・スタディであなたのトラブルを解決！

●この章では離婚にまつわるさまざまな状況、問題、そして起こりうるトラブルを22のストーリーに収め、あわせてそれらに対してお父さんはどう対処したらよいか、またその解決法を紹介しています。離婚の実用法律知識も、ストーリーにあわせてわかりやすく解説しています。あなたの状況・問題と照らし合わせてお読みいただき、離婚のトラブル解決にお役立てください。（各話の登場人物、設定等はフィクションです）。

はじめに——お父さんのための離婚話とは

離婚の原因（動機）としては、一般的に浮気やＤＶの他、経済的理由や子育てをめぐる意見の相違などが挙げられます。家庭裁判所に調停を申し立てた夫婦の場合は、夫も妻も「性格の不一致」がずっと動機の第一位です。また、離婚の時期は、相手の浮気に気づいて、いきなり離婚を言い出すケースもあれば、長い間に溜まった相手に対する不満や不信がガマンの限界を超えて離婚に至る熟年離婚もあります。

ここでは、職業や年齢、同居の家族、暮らしぶりなどが異なる二二組の夫婦の離婚話を取り上げ、離婚に至るいきさつやその結果、解決策などを具体的に紹介します。ご自分のケースに似た離婚話を読めば、離婚トラブルを有利に解決するヒントが見つかるはずです。

また、ここで取り上げた離婚話の主人公はすべて夫ですが、その理由は未成年の子供を引き取って離婚した男性が、「男のひとり親に行政は冷たい」とボヤいた一言が、この本を出す切っ掛けだったからです。今では男親（夫）でも女親（妻）でも、「ひとり親」として行政から様々な支援が受けられます。しかし、出版した当時は、「母子手当」など母子家庭への支援はあっても、父子家庭への支援は皆無だったからです。実際、この男性が市役所に「ひとり親」として支援が受けられないかと相談に行ったところ、担当者から「あなたは男なんだから支援なんかに頼らず頑張りなさい」と相手にされなかったと話していました。

そんなわけで、それぞれの離婚話の主人公は夫ですが、「夫」を「妻」と読み替えていただければ、離婚トラブルで悩む妻にとっても、その解決に十分役立つ内容になっているはずです。

なお、それぞれの話の内容や解説は、令和三年九月末現在の法令に基づいて修正してあります。

離婚話1●離婚が認められる「正当な理由」とは

たった一度の浮気で、妻から離婚を言いわたされたが……

夫37歳・銀行貸付課長　妻37歳・雑誌社勤務
子供なし
結婚7年　自宅マンション（ローンあり）

●ほんの慰めのつもりが……

片山良夫さんと真知子さんは、大学の同級生同士です。学生時代からの10年越しの交際を経て、良夫さんが都内の支店勤務に変わったのを機に結婚し、郊外には自宅マンションも購入しました。お互いに仕事が忙しく、あまり会話をする時間も取れませんが、経済的にも恵まれ、良夫さんも真知子さんも「自分たちは幸せな夫婦だ」と思っていました。

そんな夫婦に突然、離婚の危機が訪れたのです。

＊　＊　＊

事の起こりは、六か月ほど前です。その頃、良夫さんは不良債権の回収に必死でした。良夫さんが担当する融資先企業のいくつかが事業失敗で倒産したからです。担保は取ってあるものの、預金と貸付金を相殺するにしても、また抵当権を実行するにしても、債権を回収するためには、法律的に煩雑な手続きを必要とするものも少なくありません。また、時には経営者個人やその家族の資産を提供してでも銀行に借金を返すようにと、強引とも思える交渉さえしなければなりませんでした。仕事だとはいえ、損な役回りです。相手方から罵倒されることも度々で、そのたびに「何で取立屋のマネなんかしなきゃならないんだろう」と自嘲する日々が続いていたのです。良夫さんは心身とも疲れていました。けれども、結婚に際し「仕事は家庭に持ち込まない」と約束していたため、良夫さんは真知子さんにグチをこぼすこともできなかったのです。

そんな良夫さんにとって、行きつけのスナックだけが心の休まる憩いの場でした。何の利害関係もない酔っ払い同士、好き勝手なバレ話をし、かつカラオケで歌う、それが仕事のウサを晴らすとともに、不機嫌な顔で家に帰らないための方策だったのです。そして、ある夜、酔った勢いで、その店で知り合ったＯＬの一人とホテルに行ってしまったのです。もちろん、お互い納得ずく。彼女も、一夜限りの遊びと割り切っていました。ですから、店のママも飲み仲間の常連客も、誰も二人の仲を今もって気づいていません。ところが、誰よりも知られたくない妻の真知子さんには、その事実を知られてしまったのです。

●浮気を認めてしまった

翌朝、いつものように良夫さんがダイニングに下りていくと、恐い顔をして真知子さんが待っていました。彼女は夫の前に、黙ってマッチを置いたのです。夕べ、ＯＬと行ったラブホテルのマッチでした。良夫さんは、いろいろと言い訳をしましたが、真知子さんの追及は厳しく、とうとう浮気したことを認めてしまったのです。良夫さんが、もう二度としないと謝ったので、その場は真知子さんも納得したようでした。少なくとも、良夫さんはそう信じたのです。その後の真知子さんの言動にもとりわけ変化が表れたわけでもありませんし、たった一度の浮気だからと甘くみていたのかもしれません。

その後、三か月間ほどは平穏な日々が続きました。しかし、良夫さんが人事異動で関西地区の支店に転勤になり、真知子さんを東京に残しての単身赴任が決まると、事態は急転したのです。

新しい職場に赴任して数日後、良夫さんの関西での住まいとなった社宅に、自宅マンションにあった彼の荷物すべてが送られてきました。しかも、その後を追うように、真知子さんが署名押印した離婚届も届いたのです。同封された便箋には「たとえ一度きりの浮気でも私を裏切ったことは事実です。どうしても許すことができません。今後も、夫婦として暮らしていくのは耐えられません。離婚してください」と書かれていました。さらに「マンションの残りの住宅ローンは私が全額払います。持分を私に譲ってください。荷物は全部送ります。この家には、もう帰ってこないで……」とも書かれていたのです。

マンションは、二人で頭金五〇〇万円ずつ出し合い、残りの三〇〇〇万円も半分ずつ住宅ローンで借り入れたものです。頭金の五〇〇万円は、慰謝料と七年間の財産分与としてもらうとありました。もっとも、買って半年なので、まだ住宅ローンの残高はほぼ満額残っています。

驚いた良夫さんは次の週末、慌てて帰京しましたが、真知子さんは実家に戻っており、自宅マンションには誰もいませんでした。しかも、入口の鍵が付け替えられていて、自宅には入れなかったのです。その後、良夫さんが何度実家を訪れても、真知子さんは会おうともせず、また電話にも出ようとしません。それどころか、実家の両親を通じ、ただ「離婚してほしい」と繰り返すばかりです。

やがて、良夫さんが素直に離婚に応じそうもないとわかると、真知子さんは家庭裁判所に離婚調停を申し立ててきました。調停でも、真知子さんは強硬に離婚を主張し、調停委員の「ご主人も反省していることだし、もう一度やり直しては……」というアドバイスもまったく受け入れようとしません。良夫さんも離婚するつもりはないので、いつも話合いは平行線です。このままでは調停がもの別れ（不調という）になるのは確実で、そうなれば真知子さんは必ず離婚を求める裁判を起こしてくるでしょう。一～二か月に一度、調停のために平日上京するのさえ大変なのに、裁判ともなれば良夫さんの精神的かつ経済的負担は倍増します。もちろん、仕事に影響が出るのは言うまでもありません。いっそ離婚に応じ、何もかも真知子さんに渡してしまおうかとも思っています。

●解説／たった一度の浮気なら、離婚の原因にはならない可能性もある

離婚も結婚同様、自由にできます。その動機や原因にかかわりなく、当事者である夫と妻が離婚に合意し、離婚届を本籍地か住所のある市区町村の戸籍係の窓口に届け出れば、法律上、離婚(注1)は成立します（協議離婚という）。離婚届を出さなければ正式な離婚とは認められないことも、結婚の場合と同じです。令和二年中の離婚件数は、一九万三二五一件（概数）でしたが、これは離婚届を出した夫婦の数で、家庭内別居など事実上の離婚をしている夫婦の数はもっと多いと思います。

ところで、夫婦の一方が離婚したくても、もう一方が反対している（離婚に同意しない）という場合、協議離婚はできません。どうしても離婚したければ、裁判所に調停申立てをするしかないでしょう。調停もダメなら、離婚を求める裁判（最初から裁判にはできない）を起こすしかないのです。

なお、裁判所は原則として、民法七七〇条に規定された正当な理由がない限り、離

注1▼離婚には協議離婚と家庭裁判所を利用する離婚がある

離婚の種類には、協議離婚の他、家庭裁判所を利用する調停離婚、審判離婚、裁判離婚（裁判中に当事者が和解する和解離婚、相手方の言い分を争わない認諾離婚もある）があります。

協議離婚は本人同士の

婚を認めません。その正当な理由、つまり夫または妻が、その妻または夫（配偶者という）に対し、離婚を求めることができるのは、次の五つの場合です。

①配偶者が浮気（不貞という）をしたとき
②配偶者から悪意で捨てられた（遺棄されたという）とき
③配偶者が三年以上、生死不明のとき
④配偶者が回復の見込みのない強度の精神病にかかっているとき
⑤他に結婚を続けることが難しい重大な理由があるとき

離婚原因をつくった側（たとえば浮気したなど）からの離婚申立ては、原則認められません。なお、長期間の別居と配偶者に対する十分な金銭的支払いを条件に、離婚原因を作った側（有責配偶者という）からの離婚申立てを認めた判例（最高裁・昭和六二年九月二日判決）もありますし、また一時話題となった民法改正案にはその旨が盛り込まれていましたが、やはり例外だと考えた方がいいでしょう。

ところで、片山さん夫婦の場合、良夫さんが浮気したことは事実ですから、真知子さんの請求は、離婚を認める正当な理由の①に当たるようにも思えます。しかし、いくら信頼と愛情を失った夫婦は無理に結婚生活を続けるより離婚した方がいいという考え方（破綻主義という）が増えたとはいえ、たった一度の浮気で離婚を認めるのは酷とも考えられます。

なお、裁判所では判決までの間に、やり直すにしろ別れるにしろ、夫婦でもう一度

話合いで決めるもので、離婚の九割近くを占めています。

なお、令和二年に家庭裁判所で結論（終局処分）が出された離婚調停事件三万六三九九件のうち、半数近い一万六三五六件（四四・九パーセント）で調停離婚が成立しています（夫婦関係円満調整なども含む婚姻関係事件全体（五万八九六九件）でも、その三分の一強に当たる二万五一一六件で、調停離婚が成立している。令和二年版司法統計年報家事編）。

また、離婚訴訟（離婚の無効・取消しの訴訟も含む）では、令和二年に七二六八件の事件で終局処分が出されましたが、原告の訴えが認められた（認容）事件は、三分の一弱の二三九五件でした（最高裁・人事訴訟事件の概況による）。

良く話し合うよう和解を勧めることも多く、片山さん夫婦の場合も、おそらく裁判官が和解を勧めてくると思います。

●絶対に浮気したことを認めるな

ところで、良夫さんは真知子さんの厳しい追及に浮気現場を押さえられたわけでもないのに自分から浮気を認めていますね。これは、離婚する場合、あるいは裁判になった場合、大きなマイナスです。というのは、裁判で良夫さんの浮気が離婚の原因だと主張する場合、その立証責任は真知子さん側にあります。わざわざ相手側に、有利なポイントを稼がせる必要はありません。

下世話な話に「ホテルに入る所を見られても、ただ話をしていただけだと言え。また、部屋の中で裸になった所を踏み込まれても、マッサージをしているだけだと言え。そして、ベッドインの最中でも、まだ入れてはいないと弁解しろ」と言いますが、たとえ浮気をしたとしても絶対に認めてはいけません。まして、一度きりの偶発的なものなど、トボけてしまうに限ります。もちろん、浮気したことは大いに反省すべきですが、どうせ奥さんの方も半信半疑なのですから、離婚を防ぎ、夫婦関係を円満なまま続けるにはウソも必要なのです。人生、とくに夫婦や男女の関係では、潔いことが必ずしも正しいとは限らないということも肝に銘じておいてください。

なお、財産分与については他で詳しく説明しますが、たとえ離婚が成立しても、真

注2▼妻に性病をうつして結婚前の女遊びがバレ、離婚された夫……

たった一度の浮気では裁判所は離婚請求を認めないという説明に、ホッとしている浮気夫は多いでしょう。しかし、結婚前の悪行がバレて、離婚に至ったというケースもあるのです。

裁判にまでなった事件は約五〇年前の話ですが、女性遍歴が自慢の夫には耳の痛い話なので、ここではその判例を紹介することにしましょう。

＊

Ｘ男は結婚前、複数の水商売の女性と肉体関係を結び、梅毒に感染していました。しかし、Ｘ男は結婚するまでそのことに気づかず、妻のＹ女に梅毒をうつしてしまったのです。そこで、Ｙ女は、夫との離婚を申立てるとともに、治療費や通院交通費の支払いを夫側に求めて裁判を起こしたとい

知子さんが良夫さんの住宅ローンを肩代わりすることについては、ローンを出した銀行の承諾が必要となります。その住宅ローンは、もともと良夫さんと真知子さんが互いに連帯保証人になっているはずですが、離婚後も連帯保証人を引き受けるという条件を飲まない限り承諾してくれない銀行も多いと思います。

真知子さんの思いも充分理解できますが、この夫婦はやり直しが可能かもしれません。良夫さんは、調停の席だけでなく、仲人や親族、あるいは親しい友人に間に入ってもらうなどして、もっと積極的に彼女と会う機会を作るべきです。そして、頭を下げる所は下げ、もう一度夫婦関係をやり直そうと真知子さんを説得してください。

この話のポイント

・たった一度の浮気なら離婚原因にはならない可能性がある。
・浮気がばれてもあくまでシラを切りとおすのも夫婦円満のコツ。

う事件です。

裁判所は、被告夫側の故意は否定しましたが、性病感染の可能性が高いことは予測できたはずと認め、夫は結婚前に適切な診断を受けるべき注意義務を怠った過失があるとしました。その上で、Y女側の離婚請求を認め、さらにX男に治療費等の支払いをも命じたのです（大阪地裁・昭和四七年一一月二〇日判決）。

お父さんのための離婚のコラム●1

宗教活動も、過ぎると離婚原因になる

民法は、浮気や蒸発など四つの具体的な離婚原因の他、結婚を継続しがたい重大な理由という極めてあいまいな離婚原因を規定しています（民法七七〇条）。この五つ目の離婚原因を具体的にあげると、性格の不一致や相手の暴行、相手が働こうとしない、性的異常、相手の親族との折り合いが悪いなどです。

ここでは、奥さんが宗教活動に熱心になりすぎて、夫から離婚を申し立てられた判例を紹介しましょう。

●夫は離婚と子供の親権を求めた

X男の妻Y女は、結婚して六年目頃からある宗教教団の集会に参加するようになり、それを嫌う夫との間でいさかいが絶えなかった。やがて、宗教活動を止めさせようとする夫から暴行を受けたY女は、子供を連れて実家に帰ったが、その後、子供は夫側に取り返され、一方Y女は洗礼を受けて、本格的に宗教活動に専念し始めた。

そこで、X男はY女を相手取り、離婚請求および子供二人の親権者の地位を求めて裁判を起こしたという事件です。別居から六年半が経過していました。

●父親を九歳と一三歳の子供の親権者と認める

原告X男は、被告Y女との夫婦関係は完全に破綻しており、破綻は主に妻の宗教活動が原因であり、これは結婚を継続しがたい重大な理由に当たるとしました。さらに被告が子供と同居すると、育成上、子供に悪影響を与えると主張したのです。

それに対し、被告Y女側は、破綻は被告の信仰を尊重しない原告側に原因があるとしながらも、夫婦共同生活の回復は可能であると反論し、夫側の請求を棄却するよう求めました。判決は次のようなものです。

裁判所は、信仰の自由は、夫婦間でも尊重されるべきものだとした上で、子供の教育上や家庭生活に影響を及ぼすような場合には一定の制約を受けるのも止むを得ないとしました。

そして、被告は教義を家庭生活でも実践しようとする余り、原告の考え方や気持ちを無視しており、宗教活動の中止を求めた原告の行為だけを非難することはできないとして、夫婦関係の破綻の原因が原告側にあるという被告側の主張を退けて、離婚を認めたのです。

また、子供の親権についても、約七年間にわたり、原告およびその両親により育てられており、原告を親権者とするのが妥当としました（広島地裁・平成五年六月二八日判決）。

離婚話2●夫婦関係を続けられない重大な理由

リストラで会社をクビに。妻は稼ぎのない男とは暮らせないと……

夫45歳・失業中　妻42歳・スーパーでパート
子供１人（高校生）
結婚18年　賃貸アパート

土田五郎さんは現在失業中。それなのに、ここ半年、職探しもせず、アパートの部屋で酒びたりの毎日です。奥さんの由美さんは、そんな五郎さんのやる気のなさに愛想をつかし、一人息子の勇樹君を連れて実家に帰ってしまいました。

居間のテーブルには、由美さんが署名押印した離婚届がポツンと置かれたままです。

＊　＊　＊

土田さん夫妻の関係にヒビが入ったのは、五郎さんが会社をリストラされたからです。

当時、五郎さんは、中堅ゼネコンの労務課長でした。出世頭というわけではありませんが、真面目で人の嫌がる仕事でも黙々とこなし着実に実績を上げてきたことを会社から評価されていたのです。

しかし、営業から労務に転じて八年、ここ数年間の労務での仕事といえば、まず第一にリストラでした。五郎さんは、従業員とその家族の怨嗟の声を受けながらも、ずっと先頭に立って社員のクビ切りを実行してきたのです。

努力の甲斐あってリストラ計画は順調に進み、人件費も予想以上にカットできたのですが……。

従業員の三割削減という目標達成まであとわずかとなったある日、その五郎さん自身が、突然会社から「退職してくれ」と言われたのです。いくら会社が生き延びるためとはいえ、大勢の社員を辞めさせています。その責任は、誰かが取らなければならなかったのです。そして、スケープゴートにされたのが労務課長の五郎さんでした。

「すべては会社の命令で、会社のためにやったことなのに……」

言いたいことは山ほどありましたが、五郎さんは結局何も言わず、言われるままに辞表を出したのです。それまで同僚達に引導を渡してきた自分がゴネるのも筋違いのような気がしましたし、上司も再就職先は必ず世話をするからと約束してくれたからです。しかし、五郎さんが辞表を出すと、再就職話はいつの間にか立ち消えになってしまいました。今になって考えると、それは五郎さんを黙って辞めさせるための口実だったような気もします。

●失業、そして酒びたりの日々が続くある日、とうとう……

もっとも、五郎さんは、ありもしない再就職話を当てにしていたわけでもありません。退職する前から、暇があればハローワーク（職安）に通い、またウェブサイトの就職情報を見ては、何十社もの会社にエントリーシートや履歴書を送り、面接も受けていたのです。しかし、これという資格もなく、しかも四十代半ばという年齢のせいもあって、ほとんどは門前払いでした。仮にあっても、収入は今までの半分以下。それも待遇は一年ごとの契約社員や派遣社員での勤務です。クビを心配するのは、もうコリゴリでした。こんなことなら、素直に辞表を書くんじゃなかったと悔やみましたが、後の祭りです。

いくら中高年の雇用事情が厳しくても、高望みさえしなければ勤め先は見つかるだろうと、甘く考えていたのも事実です。しかし、実際に就職活動をしてみて、現実の厳しさに改めて気づいたのでした。景気が上向きになっても、中高年を正社員に採用するような会社はやはり狭き門だったのです。いつしか「家族のためにも、一日も早く次の職場を……」というやる気は、諦めに変わっていました。

熱心だった会社訪問も、ネットやハローワークでの職探しもしなくなり、日がな一日、家でブラブラすることが多くなってきました。そんな日が一年も続くと、それまで黙っていた由美さんが、一向に働き口を探そうとしない五郎さんに、初めて苦言を呈したのです。

「あなた、早く次の仕事を探してください。そうやって、毎日家でブラブラされてては、迷惑です。ご近所の奥様達に笑われるのは、私なんですからね」

「わずかだが貯えはあるし、退職金も手付かずに残っている。三年や五年、俺の勤め先が見つからなくても暮らしに困ることはない」

そう言えれば良かったのです。由美さんも安心したでしょうし、また五郎さん自身も楽になれたと思います。しかし、根が真面目なだけに、パートで働く由美さんに負い目を感じていて、そこまで開き直ることができなかったのです。外に出ても仕事は見つからず、家にいれば妻にはダラしないと責められ、そのうえ高校生になった息子からもバカにしたような視線を浴びせられ……。追い詰められた五郎さんは、いつしか飲めない酒を無理矢理飲んで、毎晩のように酔いつぶれるようになっていました。

＊　＊　＊

半年ほど前のことです。いつものように酔って帰った五郎さんは、由美さんと激しい口げんかになり、成り行きで彼女の頬を殴ってしまったのです。その時、それまで五郎さんを励まし、何とか立ち直ってもらおうと応援してきた由美さんの心の糸が切れてしまったのだと思います。彼女は翌日、黙って荷物をまとめると実家に帰ってしまいました。

居間のテーブルに、たった一通の離婚届を残して……。

おそらく、すぐに五郎さんが謝れば、大事には至らなかったと思います。しかし、一人息子の勇樹君や由美さんの親族の勧めにもかかわらず、意地になった五郎さんは由美さんに謝ろうとはせず、また迎えに行くこともしなかったのです。

結局、勇樹君も父親の説得を諦め、母親の後を追って由美さんの実家に行ってしまいました。

その後、由美さんからは離婚話を進めたいと何度も申し出がありましたが、五郎さんが離婚の話し合いに応じないため、彼女は家庭裁判所に離婚調停を求めたのです。しかし、五郎さんは、家裁からの調停の呼出しにも出ようとはしません。

五郎さんは今日も、テーブルの離婚届を横目に、鬱々とした気分で酒をあおっています。

●解説／妻は、働こうとせず働く気もない夫を、一方的に離婚できる

離婚は、夫と妻が合意すれば、どんな理由でも、また理由などなくても成立します（法律上は、離婚届の提出も条件）。しかし、夫または妻のどちらかが離婚に応じない場合、正当な理由(注1)（離婚原因という）がない限り離婚はできません。民法は、相手の浮気や蒸発など五つの離婚原因をあげています（民法七七〇条一項）。このうち、一

注1▼民法の定める離婚原因
夫婦の一方からの離婚請求が認められるのは、次の五つの場合です。
①配偶者（夫婦の相手方）が浮気したとき
②配偶者から悪意で捨て

号から四号までは具体的な例示ですが、五号は「その他婚姻を継続し難い重大な理由があるとき」とあるだけです。

　では、どんな場合が、五号の離婚原因になるのでしょうか。離婚訴訟では、裁判所は個々の夫婦の具体的な事情を考慮し、夫婦関係が破綻し、その復元の見込みがない場合に限って離婚を認めているようです。一般的には、次のようなケースが、五号の離婚原因、つまり「結婚生活を続けることができないような重大な理由」に当たると言えるでしょう。

①夫が妻に生活費を渡さない場合（令和二年調停事件・妻側の離婚動機二位）

　夫が生活費を渡さない理由がどうであれ、そのために妻や家族の暮らしが成り立たないのなら、これは夫の協力扶助義務違反[注2]（民法七五二条）と言えます。ただし、生活に困っている事実を知りながら、それでも構わないという無責任な態度を取る場合には、五号の離婚原因ではなく、二号の悪意の遺棄に当たります。もっとも、裁判ではどちらの離婚原因によるかは、裁判官の裁量です。

　なお、生活費を渡さないことを理由に妻からの離婚請求を認めた判例には、次のようなものがあります。

・夫は健康で、しかもこれといった理由もないのに、仕事もせずにブラブラしており、たまに収入があると、すべてギャンブルに注ぎ込んでしまっていたケース。

・夫は失業中なのに、親類の世話する就職話にも耳をかさず、それを諫める妻に対

られたとき
③配偶者が三年以上、生死不明のとき
④配偶者が回復の見込みのない強度の精神病にかかっているとき
⑤他に結婚を続けることが難しい重大な理由があるとき

　もっとも、離婚原因があれば必ず離婚できるかというと、そうではありません。

　民法の規定では、①〜④の離婚原因があっても、その夫婦の一切の事情を考慮した上で、裁判所がこのまま結婚を続けた方がいいと判断した場合、裁判所は離婚請求を認めないことができるのです（民法七七〇条二項）。

して、反対に悪態暴言を吐いたケース。

・夫は妻子を残したまま家を出てしまい、たまに帰ってきては妻から小遣銭をせびっていくというケース。

②夫または妻が、同居を拒んでいる場合（夫側の動機八位）

夫婦は互いに同居する義務があります（民法七五二条）。たとえば、愛人の所に行ったきり家には戻ってこないとか、同居している相手の親族（舅・姑・小姑など）との折り合いが悪く実家に帰ったきりという場合には同居義務違反となり、民法七七〇条一項二号あるいは五号の離婚原因となります。ただし、仕事で出張する場合、転勤、単身赴任、病気療養、夫婦関係調整のための一時的な別居など、夫婦の共同生活上やむを得ない場合には、一概に同居義務違反とはいえません。

同居義務違反が離婚原因になるかどうかは、外形（別居の事実）で判断するのではなく、なぜ同居に応じないか、その内容によって判断されるわけです。しかし、この判断は実は簡単にはいきません。たとえば、夫が地方に転勤になり、妻が赴任先に付いていかないと主張している場合を考えてみてください。

妻が「あんな田舎、誰が行くもんですか。あなた一人で行って！」と言ったら、その言い分は不当だと感じるでしょう。ところが、同じ状況で「子供の学校のことがあるから別居しましょう」と言われたら、単身赴任でも仕方ないなと思ってしまうのではありませんか。この場合、もし妻が別居を強行したら、夫は同居義務違反を理由に

注2▼夫婦の協力扶助義務とは……

法律上、夫と妻は対等です。夫婦は互いに助け合って共同生活を維持する義務があります。これが夫婦の協力扶助義務と言われるものです。

しかし、この義務は、夫婦の一方（たとえば夫）が相手方を扶養するということではありません。あくまでも夫婦相互の協力によって、自主的に家庭を営むという趣旨です。

離婚を言い出せるでしょうか。前者が認められ、後者が認められないとしたら、おかしいですよね。

③暴力をふるったり、侮辱した場合（妻側の動機四位）

程度問題ですが、夫婦間の暴力や侮辱も結婚生活を続けられない重大な理由となります。相手に日常的に暴力をふるい、そのために顔や身体に腫れやアザが絶えないという場合（離婚話19の解説も参照）は、それだけでも十分離婚原因になるでしょう。ただし、夫婦ゲンカの成り行きでつい殴ってしまったなど、偶発的なものまで、それだけで裁判所が離婚原因として認めるかというと疑問です。

また、夫婦ゲンカで「バカ！」「ブス！」「甲斐性なし！」などと言い合った程度では、離婚原因とはなりません。

④性的に不満・不調和な場合（夫側の動機六位、妻側の動機八位）

最高裁も、夫婦の性生活(注3)を結婚の基本となる重要事項と認めています。概ね次のようなケースが、結婚生活を続けられない重大な理由に当たると思います。

・相手の意思に反して、異常な性関係を強要する場合
・相手が同性愛者で、異性である夫や妻との性交渉を拒絶する場合
・性的不能者ではないが、妻との性交渉を拒否し、自慰などにふける場合
・相手が性的不能者で、セックスができない（性交不能という）場合

⑤性格の不一致（夫、妻側ともに動機の一位。詳しくは離婚話３の解説を参照）

注３▼性的不能が原因で妻から離婚を言い出されたが——

夫婦は愛情が薄れても、セックスがある間は離婚をしないと言われます。言い換えれば、肉体関係がなくなったら要注意ということなのでしょうか。真偽のほどはともかく、性生活は大切です。

ここでは、セックスをしない夫に対し、妻から離婚を申立てた二つの判例を紹介します（後者は婚約破棄事件です）。

＊

①妻との性的交渉を持たない夫に対し、慰謝料支払いを命じた

X女は、見合結婚したY男と、交際中も同居後も一度も性的交渉がないことを悩んでいました。寝室も別々です。しかも、彼女が不満を訴えても、夫は真面目に応えようとしません。X女は結局、同居四〇日足らずで実家に戻り、結婚後三か月で

このほかにも、愛情がなくなった、相手方の親族との不和、信仰上の対立なども、離婚原因となる場合があります。

五郎さんの言動は、右の①と③に該当しそうです。ただ、殴ったのは成り行きですし、それだけでは裁判所も離婚原因と認めないでしょう。しかし、周囲の説得も無視し、由美さんに謝らないという態度は気になります。それに、五郎さんにも同情すべき事情は多々あるようですが、やはり働き口を探そうとしない態度は問題です。このまま裁判になれば、働こうとしないことだけで結婚生活を続けられない重大な理由があるとして、由美さんの離婚請求が認められる可能性は強いと思います。

なお、生活費を渡さないという経済面での扶助義務が、社会の風潮でも裁判上でも夫側により強く求められ過ぎているのではないかという不満はあります。たしかに、男女雇用機会均等法はあっても、現実には雇用や待遇で男女格差が解消されていないのは事実です。しかし、妻が働いている場合には失業中の夫を扶助する義務を明確化するなど、世間一般の意識も改革する必要があるのではないでしょうか。

●理由なく調停をスッポカすと過料五万円

ところで、五郎さんは調停の呼出しに応じないようですが、これも問題です。たしかに裁判とは違い、調停に出ないからといって離婚が認められることはありません（裁判に出ないと、欠席裁判、つまり相手の言い分だけが認められる）。由美さんが調

協議離婚をしたのです。その後、彼女は元の夫を相手取り慰謝料請求訴訟を起こしました。

裁判所は、被告Y男が原告との性交渉を避けた真の理由はわからないとしましたが、(1)性交渉をすることに思いが及ばなかったのか、(2)元々その気がなかったか、(3)性的能力がなかったか、そのいずれかだと推定できるとしたのです。その上で、被告は真面目に結婚生活を考えていたとは思えず、X女とY男の結婚生活が短期間で終わった責任は、すべて被告にあると認定、Y男に五〇〇万円の慰謝料を支払うよう命じたのです（京都地裁・平成二年六月一四日判決）。

なお、事実婚の場合でも、性的不能の男性に賠償を命じた同様の判例があります（平成十三年六月一日判決）。

②セックスは夫婦生活に大切と、性的不能の男性

停を取り下げるか、調停不成立ということで何の結論も出せないまま調停が終わってしまうだけです。ただし、出たくないからといって、正当な理由もなく調停に出頭しないと、五万円以下の過料の制裁を受けます（家事事件手続法二五八条一項、五一条三項）。

少なくとも、五郎さんは家裁に行って、調停の席で自分の意見をきちんと言うべきです。意地を張らず、由美さんに頭を下げれば、もう一度やり直しがきくのではないでしょうか。なお、相手があくまでも離婚を要求し、裁判になった場合は、由美さんが勝手に家を出たのは②の同居義務違反に当たると主張すべきです。また、これを理由に慰謝料を請求してもいいと思います。

別れるにしろ結婚生活を続けるにしろ、トラブル解決の席では必ずイニシアティヴをとるよう心掛けてください。

この話のポイント

- 働く意思がないと思われる行動は、問題。
- 妻が勝手に出ていったのは、同居義務違反として裁判で主張できる。
- 意地をはらずに謝るべきことは謝る。
- 調停の呼出しには応じなければならない。

との婚約破棄を認めた

見合いで結婚を決めたX男は婚約後、婚約者のY女に肉体関係を求めた。しかし、彼の性器は勃起せず、その後も、同様の理由で、二人は性交渉ができなかったのです。

そのため、Y女はX男の性的不能を理由に婚約解消を申し入れましたが、X男は納得せず、Y女を相手取り逆に婚約不履行に伴う慰謝料請求訴訟を起こしたという事件です。

裁判所は、X男は女性との正常な性交渉ができない肉体的欠陥があると認め、男性の性的不能は将来における夫婦生活の円満な遂行の妨げになるから、婚約破棄の正当な理由に当たるとしました。そして、原告X男の請求すべてを棄却したのです（高松高裁・昭和四六年九月二三日判決）。

お父さんのための離婚のコラム●2

「妻とは別れる」男のウソに慰謝料一千万！

離婚の慰謝料は、離婚原因を作った側か、またはその責任の重い側から支払われます。これは内縁関係の男女間でも同様ですが、その男女が不倫関係にある場合には、公序良俗違反などにより関係そのものを無効とする考え方もあり、慰謝料請求できるかどうか争いのあるところです。なお、内縁や同棲など結婚していない婚姻外男女関係事件の調停・審判でも、慰謝料・財産分与の取決めがなされる場合がありますが、その金額は一般的に、正式な離婚と比較すると低めです。

ここでは、妻との離婚をエサに三〇年にもわたって重婚的内縁関係を続けた女性から起こされた慰謝料請求事件を紹介してみましょう。

●一生を踏みにじったと慰謝料一〇億円を請求

X女は二三歳の時、二五歳年上の会社社長Y男と性的関係を持った。当時、Y男には妻子がいたが、彼女は彼の「妻とは近く離婚する。結婚してくれ」という言葉を信じ、Y男の費用で建てた自宅で同棲生活を始め、その後一子を出生して認知も受けた。

しかし、同居から二三年経って妻と離婚した後も、Y男はX女と入籍せず、しかも三〇年目を過ぎる頃から月々支払ってきた生活費も払わなくなり、事実上の絶縁状態になったため、X女がY男を相手取り慰謝料一〇億円を請求したという事件です。

●不当破棄だと、慰謝料一千万円を認める

原告X女は、被告Y男は結婚をエサに自分の一生を踏みにじったと主張し、婚約不履行または内縁の不当破棄を理由に慰謝料を支払えと請求した。なお、請求額は、被告の資産を五〇〇億円と推定し、そこから算定したものです。一方、被告は結婚の約束もなく、内縁関係にもなかったと反論しました。

裁判所は、まず原告と被告との関係が重婚的内縁関係に当たると認定し、本件のように妻との関係が形骸化している場合には、重婚的内縁関係にも相応の法的保護を与えるのが妥当としたのです。そして、二人の内縁関係が三〇年にも及んでいること、また関係破綻の責任は被告側にあることなどから、Y男に慰謝料一千万円の支払いを命じました（東京地裁・平成三年七月一八日判決）。

なお、X女の請求額の基礎となったY男の資産額については、裁判所は明確ではないとして、請求の基礎にできないとしています。

離婚話3●離婚原因ベスト1は性格の不一致

「性格の不一致だから離婚する」と妻が言いだしたが――

夫43歳・電気店経営　妻41歳・専業主婦及び店手伝い
子供1人（小学校5年生）
結婚12年　店舗・住居とも賃貸

●家庭内は安泰だと思っていたのに……

朝比奈三郎さんは、郊外で小さな電器店を営んでいます。開店して八年、儲かっていると言うほどではありませんが、家族三人が暮らすには十分な収入はあります。というのも、修理や配達も面倒臭がらずに引き受け、また店員を雇う代わりに、妻の芳江さんが店番をして経費の節減を図ってきたからです。それに、家庭でも、息子の大樹君は素直で人並み以上に成績も良く、三郎さんは今の暮らしに満足していました。そして、妻の芳江さんもまた、当然そう思っていると信じていたのです。しかし……。

＊　＊　＊

先週のことです。三郎さんが、いつものように店の後片付けを終え、店から五分ほどの自宅に帰ったのは、午後十一時を回っていました。風呂で汗を流し、リビングキッチンで遅い夕食を済ませた三郎さんの前に、芳江さんが突然離婚届を置いたのです。届出用紙の妻の欄には、芳江さんの住所氏名が書かれ、すでに署名押印もされていました。

「あなたとは、もうこれ以上暮らしていけません。別れてください」

芳江さんが真剣な顔で、そう言い出したので、三郎さんはビックリしてしまいました。

「り、離婚だと……！　お前、他に好きな男でもできたのか」

「馬鹿馬鹿しい。そんなんじゃないわよ」

「じゃあ、何だ！　一体、何が不満なんだ！　理由を言え！」

「性格の不一致。いろいろあるけど、結局はそれね。あなたとは、考え方も趣味も違うの。私、あなたに合わせて暮らすの、疲れちゃった……」

激昂して食い下がる三郎さんを尻目に、芳江さんはそう言い残すと、サッサと部屋から出ていってしまったのです。後に残された三郎さんは、必死に冷静になろうと努めました。しかし、いくら考えても、自分が妻から離婚を求められる理由など、まったく思い当たらないのです。もちろん、このまま離婚に応ずるつもりなどありません。

●夫はただ、戸惑うばかり

その後、三郎さんは芳江さんと何度も話し合いましたが、彼女の方は「離婚してくれ」の一点張りです。ただ、性格が合わない、もう愛情を感じていないと言うばかりで、具体的に何が不満なのか、三郎さんにはいまだに良く判りません。しかし、息子の大樹君まで、どうも母親の味方のようなのです。

思い余った三郎さんは、芳江さんの高校時代からの親友で、近所に住む山本裕子さんを訪ねました。彼女なら、離婚の本当の理由を聞いているかも知れないと思ったからです。

「俺は、この一二年、あいつを幸せにしようと必死に頑張ってきたつもりだ。たしかに贅沢はさせてやれなかったけど、経済的に苦労をかけたことは一度もないし、年に何度か家族旅行だって連れてってやってる。もちろん、芳江を裏切ったことなんか一度もない。それなのに、いきなり離婚だなんて……。あいつ、何が気に入らないんだ」

「そんなことも判らないの。彼女、もう何年も前から、あなたとの離婚を考えていたのよ」

芳江さんを通じ十数年の付き合いという気安さもあって、ついグチをこぼしてしまった三郎さんに向かって、山本さんは突き放すように、そう言い出したのです。

「芳江が、ずっと離婚を考えていた……」

「そうよ。あなた、本当に気づかなかったの？」

三郎さんは、あまりのことに頭の中が真っ白になっていました。結婚して一二年。自分達夫婦は、ずっと幸せで、今も愛し合っていると信じていたのです。それなのに……。

「だいたい、いつまでも芳江に店の手伝いなんかさせるからいけないのよ。彼女、お店の仕事に何の興味もないんだから。それとも、彼女がいないとダメってわけ？」

「そりゃあ、バイト雇えば済むんだけど……。バイト料払うのが大変で……」

「ええ!?　バイトで済むことを、ずっと芳江にやらせてたの。それじゃあ、あんまりじゃない。結局、あなたは彼女のことを、人として対等に見てなかったのよ。まっ、世の中の男は多かれ少なかれ、そういうものなんでしょうけどね」

「……！」

そう言われても、三郎さんは反論することができませんでした。たしかに、店で仕事の話をする以外、この三年ほど、芳江さんとはろくに口を聞いたこともありません。第一、ここ何年間か、ベッドを共にすることすらなかったのです。結局、芳江さんの離婚の決意が固いということが判っただけで、三郎さんは、何の解決策も見いだせないまま山本さんの家を後にしました。

三郎さんは離婚に応ずるつもりはありませんが、芳江さんが性格の不一致を理由に離婚を求める裁判を起こしたらと思うと不安です。

●解説／離婚の動機は、夫も妻も「性格の不一致」が第一位

民法は、夫または妻が一方的に離婚を言い出せるケースとして、相手の浮気や蒸発、それに悪意の遺棄や回復の見込みがない強度の精神病、その他、結婚を続けるのが難しい場合など五つの離婚原因を認めています。

では、具体的な離婚の動機には、どんなものがあるのでしょうか。

編集部が独自に行った離婚経験者に対するアンケートによりますと、その動機は、性格の不一致(注1)がもっとも多く、次いで相手の浮気と続き、夫婦の会話がない、相手側の親族との折り合いが悪い、子供の問題などとなっています。また、令和二年中に、全国の家庭裁判所に申し立てられた五万八九六九件の婚姻関係調停事件でも、夫も妻も離婚の動機の第一位は「性格の不一致」でした。

これによると、夫では実に六割が、また妻も四割弱が離婚動機の一つとしています（令和二年度版・司法統計年報家事編）。その割合は、毎年若干異なりますが、長い間、

注1▼離婚予備軍の動機でも性格の不一致は多い

編集部が既婚者を対象に行ったアンケートで、「今までに夫または妻との離婚を一度でも考えたことがある」と答えた人が、その理由として回答（複数）したもののうち、ベスト3に入ったのは、次のような理由でした。

①夫婦ゲンカをしたとき　六一・五％

②性格の不一致　三八・五％

②相手側の親族との折合いが悪い　三八・五％

夫婦ゲンカで「離婚」を口にしても、たいていは売り言葉に買い言葉の

離婚動機の第一位の地位は揺るいではいないようです。

なお、性格の不一致以外の動機としては、夫側では、精神的な虐待、異性関係、夫の家族や親族との折り合いが悪い、妻の浪費癖、性的な不満（性的不調和）、妻が同居に応じない、などが毎年上位に入りますが、最近は、妻が暴力を振るうという項目が増加しているのが注目されます。

一方、妻側は、夫が生活費を渡してくれない、精神的な虐待、夫が暴力を振るう、異性関係、夫の浪費癖、夫が家庭を省みない、などが主な動機です。

離婚を望む人にとっては、この性格の不一致（性格が合わない）という言葉ほど便利な言葉はありません。結婚生活は元々生まれも育ちも違う男女が一緒に暮らすのですから、一つや二つ意見や趣味が合わないことがあっても当たり前です。新婚時代ならともかく、いつも二人の考えは同じという夫婦の方が、むしろヘンだと思います。

ただ、性格も趣味も考え方もまったく違う夫婦が、何十年と円満に暮らしているケースも少なくありません。そう考えると、性格の不一致という理由だけでは離婚の決め手になりにくいはずですが、現実には、性格の不一致を理由に離婚しようという夫婦が半数を占めているのです。

よくアバタもエクボと言われますが、恋愛中は魅力的に見えた相手のちょっとしたクセが、結婚した途端、逆に嫌悪感をもよおしてしまうということがあります。また、いつしか愛情が冷め、相手の顔を見るのも嫌になったという場合もあるでしょう。具

感情的なものです。そのまま離婚に至るケースは少ないでしょう。しかし、第二位に性格の不一致が入っていることは注目に値します。

性格が合わない相手と暮らすのは辛いものです。今回の回答者の中にも、ガマンできなくなって、いずれ本気で離婚を考え始める人もいるのではと思えるのですが……。

体的にこれといった理由はないけど、とにかく別れたいという人もいます。そんな時、性格の不一致という理由にすると、なぜかもっともらしく聞こえるから不思議です。

このように、一口に性格の不一致と言っても、結婚を続けることが難しい重大な理由（法律の認める離婚原因、民法七七〇条一項五号）に当たるものから、単なる身勝手なものまで多々あるのです。

●性格の不一致を理由に、裁判で離婚が認められるか

離婚は、これといった具体的な理由などなくても、夫と妻が合意すれば自由にできます。離婚のほぼ九割は、この**協議離婚**です。しかし、夫婦の一方が離婚を承知しない場合、最終的には**離婚訴訟**（注2）を起こすしかありません。では、お互いの性格が合わない、つまり性格の不一致という理由だけで、裁判所が離婚を認めるでしょうか。

この性格の不一致が、離婚の動機の大半を占めることは、すでに紹介しました。しかし、この動機が民法の認める離婚原因（結婚を続けることが難しい重大な理由があるとき）に該当するかどうか、その判断は大変難しいのです。裁判所では、夫婦の年齢、職業、性格、生い立ち、結婚までの経緯など、様々な事情を考慮して判断することになります。これといって他に特別の理由はないが、性格の不一致の程度が大きく、意見の相違などから夫婦間のヒビも深まり、愛情も冷却して、もはや元に戻れる余地はないということになれば、結婚を続けることが難しい重大な理由があるとして、裁

注2▼離婚は、いきなり裁判にできない

夫婦の片方がなかなか離婚を承諾しないからといって、いきなり裁判で離婚を求めることはできません。この場合には、まず調停という手続きを行います（調停前置主義という）。

調停は、家庭裁判所で、家事審判官（裁判官）と二名の調停委員が、夫婦双方の言い分を聞いて、必要な助言をしながら、結論をまとめていきます。要は、家庭裁判所という場所を利用した話合いと思えばいいでしょう。

離婚だけでなく、夫婦間や家庭内のトラブルは、この調停前置主義が適用されるものも少なくありません。家庭内のことは、冷徹な法律論で判断するより、まず話合いをして家族の中で解決しろということなのです。

仮に裁判をしたいと、いきなり裁判所に訴状を

判所が離婚請求を認めることもあると思います。実際、夫からの性格の不一致を理由とする離婚請求を認めた判例もあります（東京高裁・昭和五四年六月二一日判決）。この事件は、夫婦の生活観や人生観が大きく異なっていたことが、二人の結婚生活破綻の最大の原因として、性格の不一致を理由に夫からの離婚請求を認めたものです。

しかし、この判例はむしろ例外です。裁判離婚で、性格の不一致だけを理由に離婚を求めても、裁判所に認めさせることは非常に難しいと思います。相手側に不倫などの不行跡があればともかく、この理由だけでは離婚動機が短絡的かつ利己的な理由でしかないとして、裁判所は離婚請求を認めないことも多いのではないでしょうか。このほか、常識がないとか、しつけが悪いとか、身体が貧弱などの動機も、離婚原因としては認められません。

ただ、動機が性格の不一致だけでなく、それ以外にもある場合には離婚が認められることもあります。たとえば、夫がたびたび暴力を振るうとか、まったく生活費を渡さないという場合は、離婚が認められると思いますし、また夫の性的な不能も、結婚前に肉体交渉を持つ機会がなく、その事実を知ることができなかった場合には正当な離婚原因になります。

朝比奈さん夫婦の場合、妻の芳江さんは性格の不一致以外にも、夫の三郎さんの日頃の言動などを非難し、友人に不満をこぼしているようです。しかし、その言い分は一方的で、夫婦間の様々な事情を考慮すると、やはり芳江さん側に非があり、離婚の

提出しても、家庭裁判所の調停に回されてしまいます。その調停が上手くいかない場合に初めて、裁判所は離婚請求の訴状を受け付けてくれるのです（平成十五年七月十六日に公布された人事訴訟法により、離婚裁判は家庭裁判所が扱うことになった。平成十六年四月一日施行）。

中立ては身勝手な要求と言わざるを得ません。

この夫婦の場合には、たとえ裁判になっても、裁判所は芳江さんの離婚請求を認めないと思います。ただ、三郎さんも奥さんの気持ちを察し、ねぎらいの言葉をかける（心の中で、いくら感謝をしていても、きちんと言葉に出してねぎらわないと相手にはその気持ちが伝わらない）とか、またバイトを雇うなどして奥さんを店の仕事から解放するなど、夫婦間を円満にする努力はすべきです。

この話のポイント

- 知らぬは夫ばかり、妻はいろいろ考えてる。
- 理由が〝性格の不一致〟というだけでは、離婚が認められることは少ない。

離婚話４●有責配偶者からの離婚申立て―破綻主義

愛人と結婚したいが妻は離婚を拒否。5年の別居で離婚は可能か

夫50歳・会社経営　妻48歳・無職　5年前から別居中
子供２人
結婚25年　持家・資産あり

●妻を無視して、愛人と同居

鎌田利夫さんは精力絶倫。自他ともに認める女好きで、五〇歳の大台を超えた今も、複数の女性と関係していています。そのため、鎌田さん夫婦は若い時から女がらみの夫婦ゲンカが絶えず、奥さんの雪江さんは五年ほど前、とうとう二人の子供を連れて実家に帰ってしまいました。しかし、鎌田さんは、反省するどころか、それをいいことに愛人で二回りも若い三ツ木知恵子さんを家に引き入れ、夫婦同様に暮らし始めたのです。怒った雪江さんは、裁判所に夫との離婚調停を申し出るとともに、知恵子さんに対しては、不貞行為により精神的損害を受けたとして五〇〇万円の慰謝料を求める裁判を起こしました。

「離婚は、すべて主人の浮気が原因です。結婚以来二〇年。私は常に主人の女性問題で苦しんできました。私は主人に、慰謝料として一億円、財産分与として所有不動産全部と会社の株式の半分を要求します」

雪江さんは、調停でそう主張しました。しかし、いくら鎌田さんに非があると言っても、その請求額は彼の個人資産の約八割に当たります。こんな法外な要求は、鎌田さんとしてもとうていい呑むわけにいきません。家庭裁判所の調停委員も、財産分与と慰謝料合わせて三〇〇〇万円が妥当とする妥協案を作り、雪

江さんを説得しましたが、意地になった雪江さんは最後まで自説を曲げようとせず、結局調停は不調に終わったのです。

ただ、裁判の方は被告の知恵子さんが出廷しなかったため初回で結審となり、裁判所は雪江さんの請求すべてを認めました。もっとも、鎌田さんの経営する雑貨輸入会社のＯＬに過ぎない知恵子さんには差押えするほどの預金も資産もなく、雪江さんは勝訴判決を勝ち取っただけで具体的には何一つ手にすることができなかったのです。その上、知恵子さんは鎌田さんとの同棲生活を、その後もおおっぴらに続けています。

雪江さんは二人に対し、それまで以上に強い憎しみを抱いたのです。

この時もし、鎌田さんが五〇〇万円を立て替え、さらに若干でも離婚慰謝料と財産分与を支払っていれば、あるいは雪江さんは黙って離婚届にハンを押していたかもしれません。そうすれば、後々まで離婚問題のトラブルでモメることもなかったでしょう。ところが、鎌田さんもまた、法外な要求をする雪江さんに腹を立てていました。さすがに、高校生の長男利幸くんと長女の利江さんの養育費だけは払いましたが、それ以外の一切の支払いを拒絶したのです。

●好き勝手をしてきた結果……

あれから五年。今も別居を続ける鎌田さん夫婦ですが、最近になって今度は鎌田さんの方から離婚調停を申し出たのです。原因は、知恵子さんの妊娠でした。鎌田さんは子供のために雪江さんと別れ、知恵子さんと再婚しようと考えたのです。もちろん、雪江さんを納得させるため破格の離婚条件を提示しました。

その内容は、一時金として五〇〇〇万円。これまで、二人の子供に養育費として月々払ってきた二〇万円を、その成人後は雪江さんの生活費として、彼女が死ぬまで支払うというものです。なお、利幸くんはすでに大学を卒業して社会人になっていますし、利江さんも来春には短大卒業見込みなので、雪江さんは来春から、その二〇万円を丸々自分のために使えます。

しかし、夫とその愛人への憎しみで凝り固まった雪江さんは、破格の条件にも関わらず、どうしても離婚に応じようとはしなかったのです。

「夫とは、絶対に離婚しません。あの女と結婚なんかさせるもんですか」

雪江さんは調停の席でも、そう言ってはばかりません。このままでは、また不調になることは火を見るよりも明らかです。

出産予定日まであと半年。知恵子さんからは「生まれてくる子供のためにも、きちんと籍を入れて」とせっつかれていますが、雪江さんが離婚に応じてくれないので、どうしようもありません。

鎌田さんは、もし調停が不調になったら、すでに夫婦関係が破綻していることを理由に雪江さんとの離婚を求める裁判を起こすつもりです。しかし、離婚原因を作った鎌田さんの言い分を裁判所が認めてくれるかどうか自信はありません。

●解決／別居状態が長ければ、愛人を作った側からの離婚請求でも認められる

離婚は、夫と妻の合意さえあれば自由にできます。しかし、どちらか一方が離婚に反対している場合には、民法七七〇条に規定された五つの離婚原因のどれかがないと

注1▼有責配偶者からの離婚請求を認めた初めての最高裁判例
この事件は、妻を捨て愛人と同棲した夫側から

離婚できません。また、離婚原因を作った側（有責配偶者という）からの離婚申立ても、認められないというのが常識でした。

しかし、すでに夫婦関係が破綻して修復不可能な状態なのに離婚を認めないのは不自然で、むしろ離婚を認める方が自然だという考え方（破綻主義という）もあり、昭和六二年九月二日、最高裁判所は（注1）有責配偶者からの離婚請求を認めたのです。ただし、すべての有責配偶者の離婚申立てを認めたわけではなく、少なくとも次のような条件が必要とされています。

①夫婦の別居が、その年齢および同居期間と比べ、相当長期間に及んでいること

この事件の別居期間は三六年でしたが、その後、三〇年、二〇年、一七年、一〇年などと、（注2）期間は徐々に短縮されてきているのも事実です。

②夫婦の間に、未成熟の子供がいないこと

③離婚により、相手が生活に困ることがないよう経済的な面倒などをみてやること

鎌田さんの場合、すでに子供も成人しており、また五〇〇〇万円を超える一時金と月々二〇万円の支払いとを提示しているので、②と③はクリアしていると思われます。ただ、別居期間が問題です。判例上、とくに何年以上という規定はありませんが、別居期間八年（同居二三年）では相当長期間とは言えないとして有責配偶者の夫からの離婚請求を認めなかった判例もあります。もちろん、②と③がクリアされない事例では、いくら別居期間が長くても離婚は認められません。

離婚を求めたものです。

最高裁は、夫婦の別居期間が三六年に及ぶこと（妻とは一二年間同居）、妻との間に子供はいないが愛人との間には二人の子供がいることなどから、すでに夫婦関係が形骸化していて回復の見込みがないと判断、従来の判例を変更して、有責配偶者の夫側からの離婚請求を認めました。もっとも、相手方が離婚により精神的社会的経済的に極めて過酷な状況におかれる等、離婚請求を認めることが著しく社会正義に反する場合は離婚を認めないと一定の制限を付したのは言うまでもありません。

この判決が出た時、夫は七五歳、妻は七三歳になっていました。

注2▼有責配偶者からの離婚請求を認めた判例で、別居期間が短いもの

10年未満の別居期間でも次のようなケースでは

鎌田さん夫婦の場合は、まだ別居五年。しかも、夫婦仲は悪くても、その前に二〇年間の同居生活もあるのですから、①の条件をクリアしていないとして、現状では裁判所が離婚を認めない可能性が強いと思います。

ただ、平成九年七月の通常国会に提出された民法改正案（審議未了で廃案）にも、「別居期間五年以上で夫婦関係が回復できないほど破綻しているとき」という項目が離婚原因に追加されるなど、社会的にも、破綻主義や有責配偶者からの離婚申立てはわずかずつですが浸透し、認知されてきているようにも思われます。

そこで、たとえ別居期間が短くても、相手方への財産分与など経済的な支払いを厚くすれば、裁判所では判決では離婚を認めなくても、和解による離婚を勧めてくるのではないかと思うのです。鎌田さんの場合にも、裁判所は、おそらく和解を勧めてくるのではないでしょうか。ですから、雪江さんが調停でも離婚に応じなかった場合も諦めずに、とりあえず、離婚を求める裁判を起こすことです。

なお、雪江さんは自分から家を出ています。鎌田さんの浮気が原因とはいえ、これは明らかに同居義務違反(注3)です。裁判所が離婚原因として認めるかどうかは別として、夫側としては、この点を主張する方法もあります。

●別れたければ、妻が生活に困らない程度の金は渡せ

令和二年に調停または家事事件手続法二八四条の審判（調停不調の場合、家庭裁判

離婚が認められています。

①別居期間九年八か月
浮気した妻からの請求。子供二人がともに成人しており、また妻が不倫を清算したのに、夫側は結婚生活をやり直す積極的な努力をしていないとして、妻からの離婚請求を認めた（最高裁・平成五年一一月二日判決）。

②別居期間六年
これも妻からの請求。すでに夫婦関係は破綻しており、事実上の離婚状態にあるのに、夫側は離婚調停に出ないなど、いたずらに手続きの進行を遅らせているとして、審判離婚を認めた（長崎家裁・平成元年九月四日決定）。

注3▼同居義務違反とは
結婚した男女（夫婦）は、様々な法律上の保護を受けるとともに、義務も負います。たとえば、互いに貞操を守り、助け合って暮らす義務を負う

〔表１〕離婚の慰謝料・財産分与の金額

（支払金額別の割合〈四捨五入〉令和２年）

支払金額	割合(%)
100 万円以下	22.9
200 万円以下	11.3
400 万円以下	13.3
600 万円以下	8.1
1000 万円以下	9.7
2000 万円以下	8.0
2000 万円を超える	3.8
算定不能・総額が決まらず	23.0

（全国家庭裁判所の離婚調停等婚姻関係事件から）

所が職権で行う審判）で離婚した夫婦のうち、慰謝料（注4）や財産分与が決まったのは三割にも達しません（二八・七％）。その金額も意外に少なく、四〇〇万円以下が四七・五％と、ほぼ半数です。芸能人のような高額な分与は稀で、一〇〇〇万円を超す取決めは一割ほど（一一・八％）しかありません（上表参照）。ただ、結婚二五年以上の熟年夫婦の場合は、四割強（四一・六％）が六〇〇万円を超え、一〇〇〇万円超も四組に一組（二五・一％）と、離婚した夫婦全体の二倍以上です（令和二年度司法統計年報家事編）。

この現実を知らないため、雪江さんほどでなくても平気で法外な金額を要求して、離婚話を必要以上にこじらせる妻も少なくありません。たしかに、テレビや週刊誌で紹介される芸能人など著名人の離婚話では、慰謝料何千万円とか何億円の財産分与をもらったという記事も出ます。しかし、著名人は慰謝料や財産分与の算定の基となる資産や収入が違うのです。ごく普通のサラリーマンにすぎない夫の年収を考えたら、こんな金額はもらえないと、妻なら簡単にわかるはずです。離婚の話合いの中で、妻から必要以上に高額の支払いを要求された場合、とにかく慌てないでください。

では、離婚する際、慰謝料や財産分与として妻にいくら払ったらいいのでしょうか。

と同時に、結婚相手にも貞操を守り、共同生活を維持するよう扶助しろと請求できるわけです。

同居義務もまた、夫婦に課せられた義務の一つです。仕事上の単身赴任、病気やケガによる入院の場合などを除き、夫婦は原則として、一つ屋根の下に住まなければなりません。正当な理由もないのに同居を拒否する相手には、調停や裁判により同居を命じてもらうこともできます。

もっとも、嫌がる相手を強制的に連れ戻す法的手段はありませんから、念のため……。

注4▼慰謝料は、財産分与の一部？

財産分与の法的性質は、
①結婚期間中に、夫婦で作った共同財産の清算
②離婚までの結婚生活でかかった費用の清算
③離婚により生活が困難になる者への扶養料

年齢や結婚生活の長さ、離婚の原因、その原因はどちらが作ったかなど、それぞれの夫婦により事情が異なるので、一概には言えません。しかし、一般的なサラリーマン世帯の場合には、次のような基準で判断したらいいと思います。

①慰謝料は、離婚原因を作った方が払います。夫婦双方に原因がある場合は、より重大な原因がある方が払います。結婚年数にもよりますが、慰謝料額は通常一〇〇万円前後と安く、多くても五〇〇万円止まりです。財産分与は離婚原因を作った側でも請求できます。たとえば、専業主婦の妻の不倫が原因で離婚した場合、夫は妻に慰謝料を請求できますが、妻から財産分与を請求されると原則として断れません。

②財産分与の対象になる財産は、結婚後に夫婦で築いてきた財産です。結婚前から元々持っていた財産、結婚後に相続などで取得した財産は、対象になりません。なお、夫婦で築くという趣旨は、何も一緒に仕事をしてということではなく、たとえば専業主婦の内助の功も入ります。

③財産分与の割合は、その財産を築くのにどのくらい貢献したかで判断します。一般的に、共働きの場合は二分の一、専業主婦の場合は三割～五割です。なお、サラリーマン世帯の場合、資産といってもローンの残ったマイホームしかないというケースも珍しくありません。この場合、財産分与の対象となる金額はマイホームそのものの価格ではなく、それまで支払ったローン価格の総額、またはローン残高を差し引いた額とするのが妥当でしょう。たとえば、財産分与の対象は五〇〇〇万円の土地建物だが、

④離婚による慰謝料
以上の四つの要素があると考えられています。しかし、被害者の側からしか請求できない慰謝料を、離婚原因を作った側からでも請求ができる財産分与の一要素と考えることには、いささか抵抗があります。

なお実務上は、慰謝料と財産分与の金額を個別に算定するより、離婚に伴う支払い（離婚給付という）として、一括計算しているケースが多いと言われてきましたが、最近では、慰謝料〇〇円、財産分与〇〇円と、分けて算定するケースも増えていると言われます。

ローンが三〇〇〇万円残っているとすると、実際に財産分与の対象となる金額は差引き二〇〇〇万円となってしまうのです。

ところで、鎌田さんの場合はどうでしょうか。雪江さんに一時金五〇〇〇万円の他、月々二〇万円ずつ支払うと提示しています。令和二年の簡易生命表によると、日本人女性の平均寿命は八七・七四歳ですから、(注5)雪江さんは計算上あと四〇年程度は生きられます。とすると、五〇〇〇万円＋九六〇〇万円（二〇万円×一二か月×四〇年）＝一億四六〇〇万円が雪江さんに支払われる計算です。

なお、夫が厚生年金加入者で、妻が専業主婦の場合、離婚した妻は夫の厚生年金の一部を受給できます。

注5▼男性の平均寿命は？

男性は八一・六四歳と、平均寿命が世界一の女性よりも六・一歳短く、世界第二位です（第一位はスイスの八一・九歳で、第三位はシンガポールの八一・五歳…ただし、国により作成基礎期間や作成法が異なり、厳密な比較はできません）。

この話のポイント

- 有責配偶者（離婚原因をつくった側）からの離婚請求が認められることもある。
- 別れたければ、妻が生活に困らない程度の金は渡せ。
- 離婚したタレントの慰謝料の額に惑わされるな。
- ローンが付いた資産はローン分を差し引いた分が財産分与の対象となる。

離婚話5●夫婦同士の約束は破ってもいい

別れた妻が、「指輪をやる」という夫婦時代にかわした約束を守れと——

夫32歳・サラリーマン　元妻26歳・無職
子供なし
結婚２年　賃貸マンション・資産なし

●夫婦時代にかわした約束で悩む日々

久保田正一さんは、大手食品会社の本社総務部に勤めるエリート。仕事もでき、性格も陽気な久保田さんですが、このところ元気がありません。その原因は、三か月前に離婚したばかりの元の奥さん・久保田綾子さんとのトラブル。久保田さんが綾子さんに支払う金額で折り合いがつかないのです。綾子さんの要求は、夫婦名義の定期預金二〇〇万円全額と久保田さんが半年前に約束した一〇〇万円の指輪。それに対し、久保田さんは預金の半額一〇〇万円だけしか払わないと、強硬に主張しています。

離婚後、何度か話合いはしましたが、どちらも自分の言い分を譲ろうとはしないため、どうしても話がまとまりません。そして、業を煮やした綾子さんが、とうとう会社に乗り込んできたのです。

＊　＊　＊

久保田さんと綾子さんは、社内結婚です。出会いは、六年前でした。当時、地方支社の営業にいた久保田さんの下に、地元の短大を出たばかりの綾子さんがアシスタントとして配属されたのです。久保田さんは、明るくテキパキ働く綾子さんに一目惚れでした。また、綾子さんも、バリバリ仕事をこなす自信に満ち溢れた久保田さんの態度に始めから好印象を持っていました。職場だけでなく、同僚との飲み会や支社主催のイベントでも度々顔を合わせる二人が、恋仲になるのは自然の成り行きだったかもしれません。やがて、久保田さんの本社復帰が決まると、それを機に綾子さんは会社を辞め、二人は結婚したのです。

しかし、バラ色に輝いて見えた二人の甘い関係は長続きしませんでした。結婚した途端、つまずいてしまったのです。とにかく、本社に戻った久保田さんは残業の連続。深夜帰りどころか、週に二日は泊り込みをするほどの忙しさでした。当然休日も返上です。二人は新婚生活を楽しむどころか、ゆっくりと夫婦の会話をかわす時間さえ取れませんでした。始めは、久保田さんの顔を見るとグチをこぼしていた綾子さんも、やがて諦めたのか何も文句を言わなくなり、終いには顔を合わせても言葉を掛けることもなくなったのです。

派手な夫婦ゲンカこそしませんでしたが、二人の仲は日が経つに連れ険悪になっていきました。綾子さんは結婚半年にして、真剣に離婚を考えるようになったのです。確実に、破局が近づいていました。

もっとも、久保田さんが彼女のそんな気持ちに初めて気付いたのは、綾子さんから離婚したいと告げられた時です。結婚後、一年半が過ぎていました。

●足りなかった〝言葉〟

久保田さんは、別に仕事人間というわけではありません。結婚以来、旅行どころか二人で外食する時間も取れないことに、それなりに悩んではいたのです。綾子さんに対しては、いつも「すまない」と思っていました。一言、その気持ちを直接綾子さんに伝えていたら、離婚するまでにはいかなかったかもしれません。しかし、そんなことを口に出して言うのは照れくさく、また彼女なら、言葉には出さなくてもわかってくれるだろうと軽く考えていたのです。

もちろん「男が家庭より仕事を優先させて何が悪い。俺は、お前を食わしてやってるんだぞ」という奢りと甘えがあったのも事実です。ですから、綾子さんが「私達、別れましょう」と言い出した時の久保田さんの驚きは尋常ではありませんでした。自信家でプライドが高く、人に頭を下げることの嫌いな久保田さんが慌てふためき、綾子さんに離婚を思い止まるよう土下座して頼んだのです。

綾子さん自身、久保田さんを嫌いになったわけではありません。ただ、いつ帰るかわからない夫を待つ生活に疲れていたのです。久保田さんが謝罪したことで少しは気も晴れ、その態度で自分への愛情を十分に確信できた綾子さんは、とりあえず離婚を撤回することにしました。もっとも久保田さんはその見返りとして、次のボーナスで一〇〇万円近いダイヤの指輪をプレゼントすることを約束させられたのですが……。

しかし、いくら久保田さんが努力しても会社での仕事が減るわけでもなく、綾子さんと二人だけの時間など作れるはずもなかったのです。破局は、それからわずか三か月後でした。

久保田さんも、その間に覚悟を決めていたのでしょう。綾子さんが再び離婚話を持ち出すと、何も言わず、離婚届に黙ってハンを押したのです。

その後、結婚後に買った家具などは均等に分け、預金もその半分を綾子さんに渡すことも、二人で話し合って決めましたが、互いに納得したうえでのこと。まさか、後々もめるなどとは思ってもみませんでした。ところが、実家に戻った綾子さんは財産分与が少なすぎるとクレームをつけてきたのです。しかも、離婚前にプレゼントを約束していた一〇〇万円の指輪も寄越せと要求してきました。

久保田さんは、綾子さんの取立屋並みのしつこい要求に、ホトホト参っています。

●解説／夫婦間の約束は破ってもかまわない

離婚したら、妻に必ず慰謝料や財産分与を取られるものと思っている人もいるようですが、これは大きな間違いです。相手から要求されない限り、自発的に支払う必要はありません。また、常に夫側が払うとは限らず、時には妻側が慰謝料や財産分与を支払うこともあるのです。

一般的には、慰謝料は浮気など離婚原因をつくった側が支払い、財産分与は離婚原因の有無に関係なく資産や収入のある方が支払います。久保田さんと綾子さんの場合には、お互いに相手を裏切るような行為があったわけでもなく、どちらか一方に重大な離婚原因があったと決めつけることもできません。ですから、慰謝料の支払いは考える必要はなく、(注1)財産分与をどうするかという問題だけです。

普通、結婚後に夫婦の協力で作った財産については、専業主婦の貢献度は三割～五割程度とみなされています。また、結婚一～二年で離婚した夫婦の間で支払われる慰謝料と財産分与の合計額は、三組に二組は二〇〇万円以下です（令和二年度司法統計年報家事編・全国家庭裁判所調停等事件）。とすると、預金も家具も均等に分けた久保田さんは、十分以上のことをしていると言えます。綾子さんにいくら文句を言われても、これ以上は支払う必要はありません。

注1▼夫の給料は妻のもの？

夫の給料は夫が働いて夫の名前で得た財産です。夫の個人財産と言ってもいいような気がします。

しかし、妻が専業主婦の場合はどうでしょうか。

法律的には、妻は内助の功で夫を助けていると考えられています。だとすると、夫の給料も夫婦の共有財産と言えるような気もするのです。判例も、夫の個人財産とするものと、夫婦の共有財産とするものとに分かれています。

そこで、夫婦の協力で得た夫の財産（収入）は、対外的には名義人の個人財産ですが、夫婦間では共有財産になると考えるのが妥当だと思います。たとえ夫の給料で買った家や車でも、財産分与を考える場合には、夫婦で協力して作った財産だとされるわけです。

ところで、この事例の綾子さんはまた、久保田さんが結婚中にしたプレゼントの約束を果たすよう要求していますね。この点については、どうなるでしょうか。

民法では、夫婦間の約束（契約）は、結婚中いつでも取り消すことができると規定（注2）しています（同法七五四条）。夫婦同士では、愛情表現の一つとして「ダイヤを買ってやる」とか「ブランド物のバッグをプレゼントする」などと安易な約束をしがちなので、それを一々裁判沙汰にされないよう、あらかじめ除外する規定を置いたのでしょう。もちろん、夫婦仲がすでに破綻して、ただ離婚届を出してないという夫婦の場合にまで、この規定が適用されるというわけではありません。たとえば「離婚してくれたら二〇〇〇万円払う（注3）」と約束して妻に離婚届のハンを押させ、後から夫婦間の契約だから取り消すというようなことは認められないのです。実質的に破綻した夫婦間では契約取消しは許されないとした判例もあります（最高裁・昭和四四年二月二日判決）。

久保田さんが綾子さんに、ダイヤの指輪をプレゼントすると約束した時点では、離婚話が出たことはあっても、二人の関係はまだ破綻していたわけではありません。とすると、この約束は民法七五四条にいう夫婦間の契約にあたり、久保田さんは離婚するまではいつでも取り消すことができたわけです。そこで、久保田さんとしては、離婚前に約束を取り消してあると言うだけでいいと思います。たとえ裁判を起こされても、裁判所が綾子さんの主張を認める可能性は薄いでしょう。

注2▼夫婦間のトラブルは、夫婦で解決しろ

この規定があるからといって、夫婦間の約束は守らなくていいということではありません。

夫婦間のトラブルは、法律や裁判所が強制するよりも、二人の話合いで解決しなさいという趣旨なのです。

ところで、お父さんの中には、奥さん以外の女性にプレゼントの約束をして、その履行を迫られ困っている人も少なくないでしょう。

この場合、その約束が口約束ならいつでも解除できます（民法五五〇条）。しかし、たとえメモでも書面になっていると取り消せません。相手の関心を買おうと、ホンの軽い気持ちで名刺の裏にメモなどしないよう、くれぐれもご注意を。

●しつこく請求されたら、元妻でも迷わず訴えを起こせ

離婚する場合、本人同士が合意すれば、どんな財産分与の仕方をしてもかまいません。ただ、その場合には、合意した内容を必ず文書にしておくことです。また、分配や支払いを終えたら、相手方から受領書や領収書（銀行の振込通知書でいい）を取っておくといいでしょう。意外と思うかも知れませんが、口約束だけだと「金額に納得していない」とか「話合いはこれからだ」などとゴネたり、領収書がないと「まだ受け取っていない」などと言い出して、後からトラブルになるケースも少なくないのです。とくに、協議離婚では文書など交わさず、口約束で済ませてしまう場合も多いので気をつけてください。

正式な契約書などは面倒だという場合には「取り決めた財産分与の金額を承諾します」とか「離婚に際し、取り決めた金額を全額受け取りました。以後、支払いを要求しません」というような一筆を書いてもらうだけでもかまいません。久保田さんの場合も、綾子さんから、こんな内容のメモでも取っておけば、電話攻勢や会社への訪問などで苦しめられることもなかったと思います。

なお、相手方から改めて慰謝料や財産分与を支払えという要求が出された場合、放っておいてはいけません。億劫がらず、できるだけ早く話合いの場をもって、すでに合意済みで支払いも終わっていることを良く説明し、納得させることです。もし、相手が聞き入れない場合には、家庭裁判所に調停を申し出るのも一つの手ではないでし

注３▼女と別れたくて慰謝料を支払う約束をしたが

夫婦間のトラブルではありませんが、結婚式を目前にした男性が、別の女性と別れるため、相手から言われるまま慰謝料二〇〇〇万円を支払うと書いた念書の効力が争われた判例を紹介します。

＊

X男は、訴外（裁判の原告でも被告でもない人のこと）A女との結婚が決まったので、同棲中のY女に別れ話をしました。Y女は人妻でX男と結婚する意思もなく、一旦は別れることに同意したのですが、式前日になって手切れ金二〇〇〇万円を要求してきたのです。

X男は式が迫っていたため、仕方なく承諾し、言われるまま「慰謝料として一〇〇〇万円、贈与として一〇〇〇万円」を支払う旨の念書を渡してしまったのです。むろん、

ょうか。相手方はその言い分が何の根拠もない邪《よこしま》なものであることは承知していますから、こちらが毅然とした態度で接すれば、大概は引き下がるはずです。

もっとも、久保田さんの場合には、その段階はもう過ぎていると思います。綾子さんの態度は、悪質な嫌がらせです。この場合、まず「久保田正一はすでに合意した財産分与の支払いを終えており、久保田綾子に対する債務は残っていない」こと、また「電話や会社を訪問しての請求行為を中止してほしい」ことなどを書いた内容証明郵便を、綾子さんに送りつけてください。そして、それでも請求が止まない場合には、彼女を相手取り、債務不存在確認訴訟を起こすとともに、警察に恐喝未遂などで刑事告訴をすることです。離婚したとはいえ夫婦間のもめ事に、警察がどれだけ動いてくれるかは疑問ですが、綾子さんに会社訪問や執拗な電話を止めさせるブラフ位にはなると思います。なお、精神的苦痛を被ったとして、綾子さんに慰謝料支払いを求める訴訟を起こすのも手です。

とにかく、いくら元の奥さんでも、不当な要求には絶対に屈しないことです。

支払うつもりなどありませんでした。そのため、支払いを求めて、Y女が裁判を起こしたのです。

裁判所は、二人のそれまでの関係や念書作成の経緯を考えれば、Y女は、X男には二〇〇〇万円もの支払能力がないこと、また念書がX男の真意に基づいて書かれたものではないことを知っていたか、少なくとも知ることができたはずと指摘したのです。

結局、民法九三条一項ただし書（相手側が、真意でないことを知っていた場合は、その意思表示は無効）により、この念書の効力は無効とされ、Y女の請求は棄却されています（東京高裁・昭和五三年七月一九日判決）。

この話のポイント

- 夫婦間の約束ごとは破ってもかまわない。
- 慰謝料や財産分与を払い終えたら、必ず領収書あるいは一筆をもらっておく。
- 相手の不要な要求には絶対に屈しない。

お父さんのための離婚のコラム●3

債権者から逃れるための財産分与は認めない

財産分与は主に、夫婦が結婚後に協力して作った財産の分配という清算面と、離婚後の弱者（生活の不安がある側）の暮らしの維持を図るという扶養面の解決を目的としたものです。法律的には全財産を分与することも可能ですが、債権者からの取立てを逃れようと偽装離婚したり、あるいは資産隠し目的の常識外に過大な財産分与を行うことはできません。

　ここでは、離婚した妻への財産分与が、債権者に対する詐害行為にあたるとして、債権者が財産分与の取消しを求めた事件を紹介しましょう。

●財産分与の四分の三は不当とも指摘

　Y女は、夫A男の女性問題が原因で離婚しました。その際、A男は専業主婦であるY女と子供の離婚後の暮らしが成り立つように、財産分与として甲乙二つの不動産（時価合計二億三千万円）をY女に譲渡し、その所有権を移転したのです。ところが、A男に対し、九五〇〇万円の債権を持つX男は、その財産分与のうちの四分の三は不相当に過大で詐害行為に当たるとして、その部分の譲渡取消しを求めたのです。

　なお、問題の不動産のうち、時価一億五千万円の不動産（甲）は、二人が結婚した後で取得したもので、離婚前六年間および離婚後も被告のY女と子供が生活の本拠としています。

●裁判所の判断は――

　裁判所は、財産分与には、清算面と扶養面だけでなく、分与する者の有責行為による慰謝料を含めることも妨げないとしました。その上で、A男とY女の結婚生活が一八年に及んでいること、離婚原因は二度にわたる夫の女性問題であること、またY女は五五歳の専業主婦で相当額の財産分与を受けないと離婚後の生活が困窮するおそれがあること、そして被告に対する慰謝料および長女の養育費分をも考慮すると、Y女にも実質的な共有部分がある甲不動産については詐害行為と認められる特段の事情はないとして、原告の請求を却下したのです。

　しかし、もう一方の不動産（乙）の分与については、不相応に過大で財産分与に仮託した資産隠しと認め、乙不動産については被告Y女への譲渡と所有権移転登記を取り消すと判決しました（東京地裁・平成七年五月一六日判決）。

離婚話6●夫婦財産制と結婚契約

妻に「仕事を辞めてほしい」と言ったら、突然「離婚する」と――

［夫34歳・家電メーカー勤務　妻37歳・雑誌社勤務
子供1人(小学生)
［結婚11年　妻の持家・預金あり

●結婚の際の約束に反したことを言ってしまったが……

串間俊太郎さんと峰子さん夫婦は、毎晩のように「別れる」「別れない」で口ゲンカが絶えません。とにかく「別れたい」と一方的に離婚を迫る峰子さんに対し、俊太郎さんは「絶対に離婚しない」と、これまた一歩も引かないからです。

「あなたは、この家から出てって！　ここは私の家よ」

今夜も、仕事から帰った峰子さんは、俊太郎さんと顔を合わせると、いきなりそう言い出したのです。たしかに、九歳になる一人娘の順子ちゃんと三人で住む家は峰子さん名義で、彼女が俊太郎さんと結婚する何年も前に、両親から相続したものです。もし、離婚となれば、当然俊太郎さんが出て行くことになるでしょう。

しかし、たった一度、仕事を辞めてほしいと頼んだだけなのに、突然離婚と言われたのです。俊太郎さんとしても、おいそれと離婚に応じるわけにはいきません。

＊　＊　＊

俊太郎さんと峰子さん（旧姓横山）は、職場で知り合いました。というより、峰子さんの勤める雑誌社で、当時まだ大学生だった俊太郎さんがバイトをしていたのです。ほとんど言葉を交わすことはありませんでしたが、俊太郎さんはいつも溌剌としてとしてキビキビと動き回る峰子さんに憧れていました。そして、何とか親しくなるきっかけを作りたいと考えた彼は、峰子さんの下車駅で待ち伏せをしたのです。

夜七時から最終まで、毎晩待ち続けた俊太郎さんは、十日目にやっと階段を下りてくる峰子さんを見つけました。

「あっ、横山さん。こんばんわ」

「あらっ、君は……」

「串間です。串間俊太郎、会社でバイトしてる……」

俊太郎さんは、改札口を出てきた峰子さんに近づくと、今初めて気づいたというようにビックリした顔をしました。峰子さんも突然声を掛けられて驚いた様子でしたが、すぐに相手が会社のバイト君ということに気がついたようです。その晩は、そのまま別れましたが、これをきっかけに二人は会社でも頻繁に言葉を交わすようになり、峰子さんの方から食事やカラオケに誘うことが多くなりました。気が強くてしっかり者の彼女には、多少頼りなくても明るく、そして自分の言いなりになる年下の俊太郎さんは、絶好の相手だったのです。二人の仲は急速に発展し、俊太郎さんの卒業を待って結婚したのです。

●これでは子どもがかわいそうだ

峰子さんは結婚を承諾する際、俊太郎さんに四つの条件を出しました。それは、①峰子さんの家に住むこと、②峰子さんが仕事を続けるのを認めること、③生活費と家事は分担すること、そして④子供を作らないこと、です。避妊の失敗で子供はできてしまいましたが、結婚以来一四年、俊太郎さんは他の三つの約束を律儀に守ってきたのです。

といっても、別に無理をしていたわけではありません。俊太郎さんは、女性が働くことも、家事の分担も、本心から当たり前のことだと思っていました。ただ、一つ不満があるとすれば、峰子さんが忙しすぎて、娘の順子ちゃんに何一つ母親らしいことをしていなかったことです。七五三のお宮参り、保育園の送り迎え、そして小学校の授業参観も、すべて俊太郎さんの役目でした。

「君も母親なら、たまには順子のそばにいてやったらどうだ」

俊太郎さんが、ずっと言うのをガマンしてきた言葉を一気に峰子さんにぶつけたのは、先月のことです。順子ちゃんが学校帰りに交通事故にあい、救急車で病院に運ばれた時です。幸い、大したケガではなかったのですが、仕事先から駆けつけた峰子さんは、医師から命に別状はないと聞かされると、後を俊太郎さんに任せて会社に戻ってしまったのです。しかも、校了で忙しいとかで、経過入院中の三日間、一度も病室に顔を見せませんでした。

さすがの俊太郎さんも、母親に会いたがる娘の姿に、黙ってはいられなかったのです。

「君は、子供より会社が大事なのか。普通の母親なら仕事を休んでも看病してやるはずだぞ。せめて、日に一度位は病室に顔を見せてやれ……」

「私に、仕事を辞めろって言うの。あなた、結婚の時の約束忘れたの」

「このままじゃあ、順子がかわいそうだ。僕の給料だけでも充分家族は食べていけるし、それに君の仕事は家でもできる。この際、会社を辞めてフリーになったら……」

「それって、契約違反だわ。離婚よ！」

峰子さんは、激怒しました。俊太郎さんの言葉を遮るように、いきなり離婚すると言い出したのです。それ以来、二人は顔を合わせれば「離婚して」「嫌だ！」ともめています。峰子さんは、まだ調停申立てこそ起こしていませんが、離婚の決意は固く、二人でよく話し合おうという俊太郎さんの提案も受け付けようとはしません。子供のためにも、何とか離婚だけは避けたいと思う俊太郎さんは、ほとほと参っています。

それにしても、妻に会社を辞めてくれと言っただけで、本当に結婚契約を破ったことになるのでしょうか。また、結婚契約自体にそれほど重要な法律的効果があるのでしょうか。俊太郎さんにはわかりません。最近では、いっそ峰子さんとの離婚に応じ「離婚届にハンを押すから、今住んでいる家を財産分与として俺に寄こせ……」とでも言ってみようかという誘惑にかられています。

●解説／結婚契約で財産の帰属以外の取決めをしても、法律的な効果はほとんどない

法律の専門家にとっては、結婚契約(注1)というと、まず夫婦間の財産関係を取り決めたものを思い起こします。結婚前や結婚中の財産の帰属、あるいは離婚した際の清算方法などを定めた契約のことです。しかし一般的に、法律とは無縁の人なら、串間さん夫婦のような取決めの方を、結婚契約として思い浮かべるのではないでしょうか。もちろん、どちらが正しく、どちらが間違いというわけではありません。どんな約束

注1▼結婚契約書を交わせば心理的な効果は大きい
長い結婚生活の中では、どんなオシドリ夫婦でも、一度や二度は波風が立つものです。そういう時、法律的な効果は余り期待できなくても、結婚契約書があると初心に戻れるのではないでしょうか。

（契約）をすることも、原則自由だからです（違法または公序良俗に反するものは別ですが……）。

ただ、串間さん夫妻のした結婚契約の法律的な効果ということになると、若干疑問です。たとえば、一方が契約を破ったからといって、法律で強制的に履行をうながすことはできません。また、債務不履行に基づいて慰謝料や損害賠償を請求してみても、裁判所はそれだけの理由では、おそらく請求を認めないでしょう。

そして、もちろん、契約違反を理由に離婚を申立てても、他に結婚を継続しがたい重大な理由(注2)がなければ法律の定める離婚原因があるとは到底認められないと思います。約束を反故にしていいとは言いませんが、この手の契約内容には、あくまでも道義的な責任しかないのです。

トラブル発生から間がないので、実際のところはわかりません。しかし、いまだ調停を申立てないところを見ると、どうやら峰子さん自身も、夫が妻に仕事を辞めろと言っただけでは離婚原因にならないことを承知しているのではないでしょうか。また、勝気な性格なだけに、つい弾みで離婚発言をしてしまい、彼女自身引っ込みがつかなくなってしまっているような気もします。

ただ、どちらにも他に離婚原因となるような問題はなさそうですし、焦らず時間をかけて話合えば、離婚は回避できると思うのですが……。

注2▼裁判では、どんなものが結婚を継続しがたい理由となっているか

これは、民法七七〇条一項五号の離婚原因です。裁判所が、離婚を認める主な原因として具体的に列挙したものには、次のようなものがあります。

- 性格の不一致
- 愛情の喪失
- 相手の暴行や虐待
- 相手に労働意欲がない
- 相手の浪費癖
- 相手のわがままな性格
- 相手の肉体的欠陥
- 相手が性的異常
- 相手方の親族との折り合いが悪い

など、いずれも離婚動機としてあげるものの中で、高位を占めるものばかりです。

●結婚前から持っていた財産は、夫婦の共有財産にはならない

ところで、もう一つの結婚契約、法律の専門家が思い浮かべる契約では、夫婦間の財産関係が決められると、お話ししました。しかし、夫婦の間で、どれが夫の財産で、どれが妻の財産かなどと決めるのは、おかしいと思う人もいるのではないでしょうか。たしかに、円満な夫婦にはヤボなことかもしれません。けれども、夫婦間にヒビが入り、離婚話でも出てくると、どちらに所有権のある財産かが重要になってくるのです。結婚中の夫婦間の財産関係について、法律は夫婦財産制を定めています（民法七五五条〜七六二条）。

夫婦財産制は、契約財産制と法定財産制の二本建てです。契約財産制は、夫婦が契約関係によって財産関係を定めます。これが前述した結婚契約なのですが、結婚の届出前に契約を結び、しかも登記しないと第三者に対抗できないなど要件が厳しく、手続きも面倒なため、真先に頭に思い浮かぶ割には、ほとんど使われていません。法定財産制が一般的です。

法定財産制によると、夫婦の財産については、次のように決められています。

①結婚前から持っていた財産、結婚中に自分の名前で取得した財産（相続や贈与などによるもの）は、夫婦それぞれの個人財産（特有財産）となる

たとえば、妻が実家の親に家を建ててもらったという場合、夫は、その家の処分に口を挟めません。妻が、それを売ろうと貸そうと干渉できないのです。もちろん、夫

が勝手に処分することができないのは言うまでもありません。

②結婚（注3）生活に必要な諸経費（部屋代、食費、光熱費、医療費、子供の教育費など）は、夫婦がそれぞれの収入や資力に応じて分担する

③日常家事債務（新聞代の支払い、常識的な範囲での衣料品や食材など必需品の買物に関する支払いなど）については、夫婦が連帯（注4）して責任を負う

妻が勝手に買った高価な宝石やコートの代金、夫がギャンブル資金としてサラ金から借りた借金などは、この日常家事債務には該当しません。これについては、原則として、たとえ夫婦でも互いに連帯して責任を負うことはないのです。

④夫婦の協力によって得た財産は、夫婦の共有財産とする

専業主婦の場合、原則的には夫の収入しかありませんから、すべては夫の財産のような気もします。しかし、収入はゼロでも、家事や育児を受け持って夫を助けているのです。名義はどうであれ、結婚中の蓄財は夫婦の共有財産となります。ただし、専業主婦の内助の功は、財産の三割～五割程度というのが一般的な見方のようです。

⑤夫婦いずれの所有に属するのか、はっきりしない財産については、夫婦の共有財産と推定される

日常生活に必要な家財道具なども、結婚中に買い揃えたものはすべて夫婦の共有財産と考えればいいと思います。

離婚の際に問題となる財産分与は、原則として、この夫婦共有財産が対象です（②

注3▼夫婦がレジャーに使う自動車は生活費

この他、家具や調度品などの購入費用、医療費や家族のレジャー費なども、生活費に入ります。また、家族の送り迎えやレジャーに使う自動車の購入費と維持費、健康を維持するためのスポーツクラブなどの費用も原則として生活費です。

注4▼夫は妻の借金を支払う義務はない

判例などで、日常家事債務の範囲とは認められなかったのは、主に次のような場合です。

・サラ金などからの借金

別居中の妻の借入れで、サラ金の夫に対する請求を表見代理は成立しないと、棄却した判例もあります。

・他人の借金の保証契約

・日常生活に関する機器の購入でも、生活向

～⑤が該当する)。ですから、峰子さんが親から相続した家は、俊太郎さんが何年住み続けようと、今のままでは財産分与の対象にはなりません。
ただし、実際の離婚話では、財産分与の対象となる共有財産が少なく、夫には親から譲り受けた不動産があるという場合、妻側が夫の個人財産であるその不動産を分与しろと主張する例も少なくないようです。

この話のポイント

・結婚の際の契約は、財産帰属以外は、法的にはほとんど意味をなさない。
・結婚前から持っていた財産は、結婚しても夫婦共有の財産にならない。
・結婚していても、相続などで個人で取得した財産は個人の財産である。

上に役立つとは思えないもの
高額な布団を購入し、その代金支払いのために結んだクレジット契約や太陽温水器の購入契約を、日常家事債務の範囲内と認めなかった判例もあります。
・相手名義の財産に担保を付けたり、第三者に譲渡する行為

離婚話7●不妊症が原因の離婚

他人の精子を使った人工受精で妻が妊娠。離婚後は親子の縁を切りたい

夫40歳・会社経営　妻31歳・専業主婦（妊娠中）
結婚8年　自宅・資産あり

●割り切れない気持ちのまま、一緒にいることはできない

佐竹俊也さんは、たった今、市役所の戸籍係に離婚届を出したところです。今日からは妻の久美さんと怒鳴り合うこともないと思うと、バツイチになったとはいえ、俊也さんの気持ちは晴々としています。しかし、本当の戦いは、これからなのです。

＊　＊　＊

俊也さんと久美さんは、見合結婚です。初めて会ったのは、十年ほど前。俊也さんの将来性を見込んだ取引先の社長が、自分の姪の久美さんを紹介したのです。当時、父親の会社を継いだばかりの俊也さんは、まだ結婚するつもりなどありませんでした。ところが、深窓の令嬢そのままの清楚な久美さんを見て、その考えを変えてしまったのです。また、久美さんも、周りにいる髪の毛とファッションだけを気にしているような軟弱なナンパ男とは違い、スポーツと社会の荒波に鍛え抜かれた俊也さんの逞しさに、始めから強く引きつけられたといいます。

二人は瞬く間に恋に落ち、そして二年後、多くの列席者の祝福を受けて結婚したのです。

俊也さんも久美さんも毎日が幸せで、すべてがバラ色でした。しかし、どういうわけか、いつまで経っても二人の間には子供ができなかったのです。気がつくと、結婚して五年が過ぎていました。しかし、俊也さんも久美さんも健康体で、肉体的に問題があるとも思えません。また、夫婦生活も人並みにはこなしています。

子供に恵まれないのは、たまたま運がないからだと思っていました。

「十年経ってできる夫婦もいるし……」

互いに、そう慰めあっていたのです。それでも念のためにと、病院で検査を受けたのは、今からちょうど一年前。その結果、意外な事実が判明したのです。もしかしたらと、本人も疑っていた久美さんは、まったくの健康体でした。ところが、何の問題もなく健康そのものと思われていた俊也さんが、無精子症だったのです。

俊也さんは、ショックでした。しかし、五〇〇人の従業員を抱える会社のオーナー経営者としては、後継者問題を放っておくわけにもいきません。また、俊也さんは現在四〇歳。このまま、子供のいない生活を続けるにしても、養子をもらうにしても、できるだけ早く結論を出す必要に迫られていたのです。

俊也さんは、当初養子をもらうつもりでした。久美さんも養子に異論はなかったのですが、できれば生まれた時から育てたいと特別養子を欲しがったのです。しかし、双方の親戚には特別養子にできる満十五歳未満（民法改正により令和二年四月一日からは養子年齢が満六歳未満から引上げられた。7頁巻頭参照）の子供はいません。そのため、養子の話はいつの間にか立ち消えになり、変わって浮上したのが精子バンクを利用した人工授精です。これなら久美さんは自分で産むことができ、しかも彼女とは血がつながっています。そして何よりもいいのは、誰にも知られることなく、二人の実子として入籍できることです。

もちろん、俊也さんは他人の精子を使うことに抵抗がありました。しかし、子供ができない原因は自分にあります。結局久美さんに押し切られ、最後には渋々賛同したのです。

ところが、久美さんが大学病院で人工授精手術をうけ、無事妊娠したという報告を受けると、心の奥底に仕舞い込んだはずの鬱屈が、フツフツと沸き上がってきました。そして、久美さんの下腹部が丸みを帯びるようになると、とうとう爆発してしまったのです。

「そいつは、俺の子供じゃない。絶対に認めんからな」

「いまさら何言ってるのよ。あなただって、同意したことでしょう。大体、人工授精なんかしなきゃいけないのは、誰のせい……！」

俊也さんは、毎晩のように酔って帰るようになり、迎えに出てきた久美さんを玄関先で、そう怒鳴りつけるのです。初めのうちは、隣り近所や送ってくる部下への遠慮から下手に出ていた久美さんですが、そのうち負けずに言い返すようになりました。

二人の口ゲンカは日に日に激しさを増し、ついに俊也さんが手を上げてしまったのです。殴られた翌朝、俊也さんが眼を覚ますと、久美さんはすでに実家に帰った後でした。

数日後、久美さんの叔父で、彼女を紹介した社長が俊也さんを訪ねてきました。彼は姪が勝手に実家に戻った不調法を侘び、そして久美さんの署名押印のある離婚届を出したのです。彼女は慰謝料も財産分与も、一切要求しないと言います。俊也さんも、このまま夫婦生活を続ける自信はなく、黙って離婚に応じることにしたのですが……。

久美さんと離婚し、今はシングルライフをエンジョイしている俊也さんですが、ただ一つ気になっていることがあります。それは、まもなく生まれる久美さんの子供のことです。民法には「結婚中に妊娠した子は、夫の子供と推定する」という規定があるため、放っておくと、生まれた子供は俊也さんの籍に入ってしまいます。いくら一度は人工授精に同意したとはいえ、自分と血のつながりのない子供を自分の子供とは認めたくはありません。それに、養育費の問題や、将来的には相続の問題も出てきます。

俊也さんにとって、久美さんとの本当の離婚話はこれから始まるのです。

●解説／問題になるのは、夫以外の精子を使った人工授精

わが国でも、人工授精は不妊治療の一環として以前から行われています。一般的には、夫の精液を医学的手段で妻の胎内に注入する方法が取られますが、顕微鏡により受精させた卵子（受精卵）を妻の子宮に移植する方法（体外受精、顕微授精という）もあります。これらの不妊治療は実子を切望する夫婦にとっては最後の拠所ですが、その治療費用は高額です（体外受精や顕微授精の費用は、一回あたり平均約五〇万円とも言われる）。現状、人工授精による治療は健康保険の適用外なので、治療を受ける夫婦にとってはかなりの経済的負担になります。

なお、国は少子化社会対策として、高額な費用のかかる夫婦間の不妊治療については、その費用の一部を助成する制度を設けています。たとえば、体外受精と顕微授精の場合は、特定治療支援事業の助成金（一回三〇万円。一子六回まで。年齢制限あり）

の利用が可能です。国は、令和四年度から不妊治療を保険適用の対象にする方針だと報じられていますが、不妊治療を受ける夫婦は保険適用の対象になるまで、このような助成制度を使って経済的負担の軽減を図るといいでしょう。

ところで、人工授精で生まれた子供の親子関係は、夫の精子を使う場合（ＡＩＨという）には何の問題もありません。しかし、俊也さんのように夫が無精子症などで、その精子を使えない場合、夫以外の精子を使う方法（非配偶者間人工授精、ＡＩＤという）も認められています（夫の同意が必要）。ただし、この場合には後から生まれた人工受精子の法的地位（父子関係）で争いになるケースもあるのです。

民法七七二条一項は、「妻が結婚中に妊娠した子は夫婦間の嫡出子と推定する」と規定しています（詳しくは離婚話10参照）。様々な事情で夫婦が長期間別居しており、その間、妻との性交渉の機会がまったくないという場合を除き、原則として生まれた子供の父親は夫と推定するということです。しかし、夫以外の精子を使った人工受精子の場合、その嫡出をめぐって、法律上は二つの考え方があります。

①生まれてくる子供は、人工授精を受けた夫婦間の嫡出子（注１）と考える場合

夫も人工授精に同意していますし、生まれた子供には何の責任もありません。そこで、子供の福祉という観念から、人工受精子を夫婦間の嫡出子として認めるべきだという考え方です。この場合は、夫は血縁関係がなくても、生まれた子供を実子として扶養する法的義務を負い、また子供は当然、夫の財産の相続権を持つことになります。

注１▼嫡出子とは何か？

嫡出子とは、法律上、正式に結婚した夫婦（婚姻届を出すなど法律婚の夫婦）の間に生まれた子供のことです。嫡出子は父母の戸籍に入り、父母と同じ姓を名乗ります。

一方、正式な夫婦以外の男女間（事実婚＝婚姻届を出さない内縁関係の夫婦も含む）に生まれた子供は非嫡出子と呼び、法律上も嫡出子とは区別しています。非嫡出子は母親の戸籍に入り、その姓を名乗ります（相続面での不当な取扱いはなくなりました）。

なお、民法七七二条は、

①結婚中に妊娠した子供
②婚姻届を出した日から二〇〇日経過後に生まれた子供
③離婚届を出した日から三〇〇日以内に生まれた子供

は嫡出子と推定すると規定しています。つまり、これ以外の場合は、正式

なお、夫は後から同意を翻すことは認められません。

②生まれてくる子供を夫婦間の嫡出子とみなさないと考える場合

人工受精子は夫と血のつながりがないことは明白なので、民法七七二条の嫡出推定を受けない例外に当たるという考え方です。生まれた子供を夫婦間の子供とするには、改めて養子縁組をするなどの法的手続きが必要になります。

夫以外の精子を使った場合の子供の嫡出性については、このように大きく考え方が分かれ、夫が他人の精子を使うことに一度は同意しても、子供が生まれた後で争いになることも少なくありません。もっとも、本来父子関係が問題にならないＡＩＨ（夫の精子を使った場合）でも、人工受精子の法的地位（嫡出子かどうか）を争い、最高裁まで持ち込まれたケースもあります。夫の死後、妻がその保存精子（凍結精子）を使って体外受精で子供を産み、人工受精子と亡夫との父子関係が争われた事件です。

生まれた子供は、父親（亡夫）を相手取り（実際の訴訟相手は検察官＝国）、認知するよう求めました。高松高裁は人工受精子と亡夫との法的な親子関係を認めましたが、最高裁は同判決を破棄、「立法がない以上、法的父子関係は認められない」とし、また「法の整備が必要」との意見を付しました（平成十八年九月四日判決）。

●一度同意した人工授精を後から取り消すのは容易ではない

わが国でも、すでに七〇万人を超す人工受精子が生まれているそうですが、夫以外

に結婚した夫婦間の子供でも、一定の法的手続きを取らないと、その夫婦の嫡出子とは認めてもらえないのです。

の精子を使って生まれた子供も相当数いると思われます。たしかに、血縁関係重視の立場を取れば、夫には嫡出性否認の権利（子供との父子関係を否定する権利）が認められていると言えそうです（前頁②参照）。

しかし、俊也さんのように一度は人工授精に同意した夫が、生まれた子供の嫡出性や父子関係の不存在を後から争うのは、信義則違反で許されないと言えます。また、生まれた子供の福祉という点を考慮しても、夫（父親）が同意を翻せないのは当然だと言えるでしょう（九一頁①参照）。

これまで、他人の精子を使って人工授精をすることに同意した夫が生まれた子供の嫡出性を後から否認できるかどうか（同意を取り消せるかどうか）について、従来の法律には明確な規定がありませんでした。そのため、俊也さんのように後から子供の嫡出性を否認したり、同意を取り消して、争いになるケースも起こり得たのです。

しかし、令和三年三月十一日から施行された生殖補助医療の提供等及びこれにより出生した子の親子関係に関する民法の特例に関する法律」に、「妻が夫の同意を得て夫以外の精子を用いる不妊治療により妊娠した場合、夫はその子供の嫡出性を否認できない」と明記されたのです（法一〇条）。

久美さんが人工受精の治療を受けて子供を出生したのがこの法律の施行日以降であれば、俊也さんは生まれた子供の嫡出性を否認できず、父親としてその子供の扶養義務を負うことになります。もちろん、一度した同意は取り消せません。

　ただし、夫が自分以外の精子を使うことに同意していないのに、妻が勝手に夫以外の精子を使って人工授精により妊娠し出産した場合には、その事実に後から気づいた夫は、その子供の嫡出性を否認することは可能です。右の法律の施行前の事件ですが、「夫以外の精子を使うことについて夫婦間の同意書(注2)も作成されていないことから、「夫の同意があったとは認められない」として、夫側の請求を認め、生まれた子の嫡出性を否認しています（大阪地裁・平成十年十二月十八日判決）。この事件では、妻が出産に至る人工授精を行う以前から夫婦間が事実上の離婚状態にあったことも、夫側に優位に働いたようです。

　なお、夫以外の精子を使って生まれた人工受精子については、夫からの嫡出性否認の要求以上に、人工受精子の「真実の父親（出自）を知る権利」も重要な問題です。しかし、この**出自を知る権利**については今回の新法でも明記されず、二年以内に検討することで結論が先送りされています（法附則三条）。

注2▼AIDには同意書の作成を義務付け
夫以外の精子を使う人工授精（AID）は、不妊治療の一つの方法として利用されているが、日本産婦人科学会では、この人工授精を行うに当たり、該当夫婦への医師の充分な説明と夫婦が書名捺印した同意書（契約書）の作成を必要とするというガイドラインを作成しています。

この話のポイント

・夫としては、他人の子を受け入れられる度量がないと人工授精は難しい。
・他人の精子を使っての人工授精に同意した以上、夫は生まれた人工授精子の嫡出性を法律上、否定できない。

離婚話8●離婚の慰謝料と財産分与の支払義務者

不倫した妻に慰謝料を請求したら、妻が財産分与を要求して――

夫48歳・サラリーマン　妻40歳・パート
子供1人(高校生)
結婚19年　持家(ローンあり)

●ようやく自分の時間が持てるようになった妻が――

福永正典さんは、奥さんの礼子さんと話し合い、別れることにしました。お互い、納得ずくです。しかし、離婚条件で折り合いがつかないため、まだ正式な離婚ができません。というのは、離婚の原因を作った礼子さんが財産分与を要求しているからです。

正典さんは、自分を裏切った妻に一円だって渡したくはありません。むしろ、礼子さんと、その不倫相手の川田太郎さんに慰謝料を請求したい位です。

＊　＊　＊

正典さんは中堅食品会社の営業課長ですが、郊外の一戸建てに、礼子さんと一人息子で高校二年生の正志君の三人で暮らしています。この家は二〇年前、正典さんが独身時代に買ったものです。正典さんの資産といえば、時価四五〇〇万円のこの家だけで他には何もありません。ただし、三〇〇〇万円の住宅ローンがまだ一〇〇〇万円近く残っています。

二人の夫婦仲は、今度の離婚話が出るまで一度も波風が立ったことなどなかったのです。たしかに正典さんは仕事柄、残業や出張も多く、新婚時代の礼子さんが寂しい想いをしたことは何度もあります。しかも、正典さんは亭主関白で、休みでも家族サービス一つせず、育児や家事といった家庭のことは礼子さん一人に任せきりでした。

「俺は仕事で忙しい。家に帰ってまで面倒なことはごめんだ。お前の責任でやれ」

礼子さんが何か相談しても、正典さんの返事は、いつも同じです。もう少し話を聞いてくれてもいいのに……。そう思うこともありましたが、根が楽天家の礼子さんは「どこでも、亭主なんてこんなものだろう」と割り切っていました。腹が立たなかったというと嘘になりますが、夫から信用されていると思えば、家事や育児にも力が入ります。そんな礼子さんの性格が幸いしたのか、結婚以来、夫婦ゲンカ一つせずに過ごしてきたのです。その意味では、夫婦仲は良かったと言えるでしょう。

そんな夫婦仲に亀裂が入ったのは、二年前。正志君が高校に進学し、ようやく自分の時間が持てるようになった礼子さんが、前々から好きだった陶芸を本格的に習い始めた時からです。

「家のことに差し障りがなければ、別にかまわんよ」

陶芸教室の受講料など必要な費用はパートで稼ぐというのですから、相談を受けた正典さんも、別に反対する理由はありません。しかし、この礼子さんのパートが離婚への序章だったのです。

●パート勤めがもたらした離婚話

礼子さんは、家事に差し障りない午後の数時間、近くのコンビニにパートで勤めることにしました。その店で、後に不倫相手となった川田太郎さんと知り合ったのです。当時、川田さんは、その店の店長で四〇歳。バツイチでした。

「ちょっと固いな～。もっとリラックスしてください」

パートとはいえ、礼子さんにとっては二〇年振りの勤めです。しかも、いきなりレジに立たされたこともあって、相当緊張していました。隣に立つ川田さんは盛んに楽にしろと言うのですが、そう簡単に緊張は解けそうもありません。

「じゃあ、一つ大きく深呼吸してみましょうか。そうそう。それから、こう両手をブラブラさせて……」

突然、川田さんが大きな身振りで深呼吸を始めたのです。礼子さんも、慌てて彼の真似をします。二度、三度と身体を動かすうちに、強張った頬の緊張も解けてきました。

その後も、川田さんは慣れない礼子さんに何かと気を使ってくれ、事あるごとに優しい言葉をかけてくれます。夫からは「おい、お茶」「風呂は沸いてるか」「飯にしてくれ」としか言われたことのない礼子さんが、川田さんに好意以上の感情を抱くのは時間の問題でした。それが、たんなる浮気で済めば問題はなかったのです。しかし、パートに出て一か月経たぬ間に、礼子さんは毎日のように川田さんのアパートに通うようになっていました。

＊　＊　＊

「ごめんなさい」

正典さんは、礼子さんがたった一枚の置き手紙を残して家を出て、初めて奥さんの不倫に気づいたのです。パートを初めてから半年後でした。正典さんには到底信じられない話でしたが、川田さんの部屋で礼子さんと会い、その口から離婚を言い出されたのです。妻の不倫を現実の出来事として認識するしかありませんでした。

その後、川田さんを交えて何度か話し合い、礼子さんの決意が固いとわかると、正典さんも離婚に同意したのです。正志君については、本人の意思を尊重し、正典さんが引き取ることにしました。そして、正典さんは礼子さんに、署名捺印した離婚届を渡したのです。

ところが、まだ正式な離婚は成立していません。礼子さんが、離婚届を役所に届けるのを止めてしまったからです。彼女は最初、離婚できれば何もいらないと言っていたのに、後から二五〇〇万円の財産分与を要求してきました。その言い分は、こうです。

①夫の資産の半分は妻の内助の功によるもので、資産の二分の一は分与すべきである
②財産分与の対象になる夫の資産は、時価四五〇〇万円の土地建物、夫の退職金見込額一五〇〇万円、それにマイナスの資産として住宅ローン残高一〇〇〇万円である
③以上から、対象資産は総額五〇〇〇万円であり、財産分与は二五〇〇万円が相当

「長年、あなたと正志のために家事と育児を引き受けてきたのよ。この位もらうのは当然の権利だわ」

礼子さんは、正典さんが約束が違うと抗議すると、そう言い切ったのです。正典さんとしては、自分を裏切った彼女に一円だってやりたくありません。むしろ、彼女と不倫相手の川田さんから慰謝料を取りたい位です。結局、二人の言い分は平行線のままですでに一年近い月日が過ぎてしまっています。

●解説／財産分与は、不倫した側からでも請求できる

財産分与には、いくつかの性格がありますが、まず結婚生活中に夫婦の協力で蓄積

された財産（夫婦共同財産という）を清算し分配して、お互いの公平を図るという性格があります。一般的に、直接収入のない専業主婦の場合にも、内助の功として財産の三割（注1）〜五割程度認められているようです。

もう一つは扶養面です。離婚で生活の不安をきたす側の配偶者（多くは、妻の側です）を扶養して、その暮らしが維持できるように配慮するものです。この二つの性格から、離婚原因を作った側（不倫をしたなど）からでも財産分与の請求ができるとされているのでしょう（詳しくは離婚話４参照）。このほか、財産分与には離婚による慰謝料という意味合いもあるようです。

正典さんが、礼子さんに一円もやりたくないという気持ちはわかりますが、やはり財産分与をしないわけにはいかないでしょう。ただし、二五〇〇万円という請求額は法外だと思います。まず、現在のような経済情勢下では、将来払われる予定の退職金まで財産分与に入れる必要はないでしょう。

とすると、財産分与の対象は、正典さんが住んでいる土地建物だけです。しかし、この不動産は結婚前に買った金額と現在の時価とが同じだとすれば、頭金は一五〇〇万円。少なくとも、これは正典さんの個人資産と思われますから財産分与の対象にはなりません。

もし、夫婦で協力した資産があるとすれば、住宅ローンの三〇〇〇万円だけです。しかし、まだ一〇〇〇万円残っているので、どんなに多く見積もっても、財産分与の

注1▼共稼ぎ夫婦の場合には妻の権利は二分の一

共稼ぎ夫婦の場合には、夫婦が協力して蓄積した財産に対する妻の貢献度は、夫と対等とみるのが妥当です。よって、専業主婦の三割〜五割を大きく超え、夫婦共同財産の二分の一について、権利があると考えられます（夫側にも妻に財産分与を要求する権利がある）。

また、夫と協力して、家業を営んでいる妻も、共稼ぎの妻と同様の貢献度です。

対象は二〇〇〇万円にすぎません。

仮に、専業主婦の内助の功を丸々認めたとしても、その五割です。つまり、礼子さんへの財産分与は、一〇〇〇万円以下と考えられます。

一方、正典さんも、礼子さんと川田さんの二人から別々に慰謝料[注2]が取れますが、その金額は、せいぜい一人一〇〇万円～二〇〇万円程度といったところです。

妻とその不倫相手から受け取る慰謝料より、妻に支払う財産分与が多いというのは納得いきませんが、最悪この差額程度の支払いは覚悟して、相手と交渉すべきです。

なお、不倫を離婚原因とするものではありませんが、破綻原因の重い妻側に慰謝料一〇〇〇万円の支払いを命じ、一方で夫側には一五〇〇万円の財産分与を命じた判例もあります（東京高裁・昭和五八年九月八日判決）。

ただし、不倫の挙げ句、家庭を捨てたのは礼子さんの側です。悪いのは向こうですから、こちらも法外な慰謝料を請求するなどして、相手にブラフをかける位のことはしてもいいと想います。また、財産分与も最初から具体的な金額で交渉するのではなく、一切認めないという強気の姿勢で対応すべきです。

なお、正典さんは、このままズルズル話合いを続けるより、サッサと離婚調停を申立てたり、場合によっては離婚を求める裁判を起こした方が得策です。さもないと、離婚に応じないとゴネられたり、離婚までの生活費を払えと請求されるケースも出てきます。

注2▼夫の愛人から慰謝料を取れなかった妻

夫婦の一方（たとえば夫）が不倫している場合、妻は不倫相手の女性から慰謝料を取ることができます。この請求は、その夫婦が離婚するかどうかとは無関係で、妻固有の権利です。

ただ、どんな場合でも請求できるかというと、不倫関係に至った事情によっては、これから紹介する事例のように、妻の請求を認めなかった判例もあります。

＊

X女は、夫のA男とY女の不倫関係が原因で一旦は夫と離婚しています。しかし、その後三年余り経って二人の関係が清算されたと信じ、前夫A男と再婚したのです。ところが復縁後まもなく、夫はY女と再び不倫関係を持ってしまったのです。

X女は、Y女に夫への貞操要求権と家庭生活の

よく裁判にすると世間体が悪いとかいう人もいますが、いつまでもゴタゴタするよりマシです。

また、調停も裁判も弁護士だけが出廷すれば済むケースがほとんどなので、仕事への影響もまずありません。正義は、正典さんの側にあります。どしどし裁判所を利用してください。

●不動産を譲る時は、贈与税の心配をすること

離婚相手には、慰謝料でも財産分与でも一円でも払いたくないというのが普通の気持ちです。しかし、二度の離婚で二度とも全財産を女房に渡してしまったというタレントさんもいますが、どうしても別れたいという場合には、相手に離婚を承諾させるために必要以上の財産分与をすることもあります。この場合、相手は喜んで離婚届にハンを押してくれるかもしれませんが、税務署から高額の贈与税を取られることもあるので注意が必要です。

贈与税法の通達には「夫婦の協力によって得た財産の額その他一切の事情を考慮しても過当な部分は、贈与があったものとする」とあるだけで、具体的な金額や割合についての規定はありません。しかし、裁判ではまず認められないような多額の財産分与をする場合には、最初から贈与税の支払いも計算に入れておいた方が無難です。とくに、土地建物のような含み益のある資産を現物で譲る場合は注意してください。財

平穏を侵害されたとして、彼女を相手取り、慰謝料五五〇万円余を請求する裁判を起こしました。

裁判所は、被告Y女が訴外A男と原告X女との再婚を知りながら、再びA男と継続的に肉体関係を結んだ事実はあったと認定しています。しかし、その関係は発端からA男がY女に対して、暴行・脅迫を加えた上で関係を強要したもので、すべての責任は原告の夫であるA男にあり、被告に責任はないとしました。その上で、X女からの慰謝料請求のすべてを棄却したのです（横浜地裁・平成元年八月三〇日判決）。

産分与時の時価と購入時の取得価格の差額が譲渡所得とされ、しかも財産分与した側に課税されるからです。

なお、一般的に、妥当な範囲の財産分与には贈与税はかかりません。

この話のポイント

・財産分与は離婚原因をつくった側からでも請求できる。
・どうしても別れたくて多額の財産分与をする際は贈与税に留意。

離婚話9●カード社会が生む離婚

妻が浪費家でカード破産寸前。離婚したいが……

夫34歳・公務員　妻35歳・専業主婦
子供2人（小学生）
結婚10年　賃貸アパート

●妻のサラ金からの借金が発覚

梶原昇さんは市役所の戸籍係。奥さんの麻子さんとの間に、小学二年生の俊と翔という双子の子供がいます。結婚以来、夕食は必ず家で食べ、月に三度は休日に家族で出かけるという梶原家は、幸せを絵に描いたような一家でした。しかし、ここに来て、麻子さんがサラ金から多額の借金をしていることが発覚したのです。

＊　＊　＊

事の起こりは、一年ほど前。麻子さんが親戚の法事で上京した時、偶然、女子高時代の友人に会ったのです。一八年振りでした。麻子さんが、高校一年まで通った東京のお嬢様学校の同級生だった彼女は、青年実業家と結婚したとかで、ブランド物の服やバッグで着飾っています。バーゲンでブラウス一枚買うのにも、家計のやりくりで苦労する麻子さんは、その恵まれた暮らし振りが羨ましく、そして嫉妬を感じたのです。しかも、彼女の口から名前が出る旧友の夫達は、大学教授や弁護士、医者、大手商社勤務とエリートばかり。昇さんの仕事を聞かれた麻子さんは「夫は江戸時代から続く旧家の跡取りで近く政界にも出馬する予定よ」などと、ついデマカセを言ってしまったのです。この時、本当のことを話しておけば、家庭が壊れることもありませんでした。しかし、夫が田舎の市役所勤めで、しかもノンキャリアだとは、友人への対抗心もあって言えなかったのです。

麻子さんは、その日、彼女と改めて東京で会う約束をしました。家に戻った麻子さんは、それまでコツコツ貯めていた貯金を下ろし、ブランド物のスーツやバッグ、それに装飾品を買い、約束の日が近づくと、地元では高級のエステにも行ったのです。

旧友達との出会いが一度で済めば、さほど大きな問題にはならなかったと思います。ところが、再会した旧友達は喜んでくれ、何かある度に麻子さんにも声がかかるようになったのです。

「行っておいでよ。子供達も手がかからなくなったし、君だって月に一度や二度、息抜きしなくちゃ」

昇さんは、快く東京行きを許しました。まさか麻子さんが、旧友達と会うために分不相応の買物をしているとは思わなかったからです。そして、麻子さんが自分の預金だけでなく、昇さん名義の預金まで取り崩し、ついにはサラ金に手を出すようになるまで半年とはかかりませんでした。そして三か月前、たまたま早帰りした昇さんは、自宅の郵便受けにサラ金の督促状を見つけたのです。

「あなた、ごめんなさい」

問い詰められた麻子さんは、それまでの一部始終を話しました。怒鳴られ、一度くらい叩かれるかも知れませんが、夫は、きっと私の気持ちをわかってくれるだろうと、甘く考えていたのです。しかし、昇さんは彼女の浪費を許すことはできませんでした。第一、旧友に見栄を張りたかったという麻子さんの気持ちなど、わかりたくもなかったのです。たしかに、出世や金とは無縁です。ただ、少なくとも自分は、家族のために一生懸命頑張ってきたという自負が、昇さんにはありました。それなのに、麻子さんからダメ亭主と決めつけられたようなものです。腹も立ちましたが、それ以上に、情けなくなりました。

「出てけ！　お前とは離婚だ！」

話を聞き終わると、昇さんはそう言い放ったのです。麻子さんは泣いて謝りましたが、昇さんは絶対にクビを縦に振りませんでした。麻子さんを引きずるようにして車に乗せると、彼女の実家に無理矢理送りつけたのです。

その後、彼女の母親や兄弟が代わる代わる謝罪にくるなどして、何度か話合いが持たれましたが、昇さんはどうしても彼女を許す気にはなれなかったのです。もちろん、麻子さんとは、もう二度と寄りを戻す気はありません。

＊　＊　＊

麻子さんとの離婚を決意した昇さんですが、ただ一つ困っていることがあります。

それは、麻子さんの借金です。彼女がサラ金やカード会社からした借入れやクレジットの総額は五〇〇万円を超えています。しかも、その多くは、昇さんを勝手に連帯保証人にしたり、昇さんのカードを無断で使ったものなのです。

「女房が勝手にやったことで、自分は知らない。請求なら、女房にしてくれ」

「ダンナが、奥さんの借金返すのは常識だろう」

電話口や家の玄関先で、毎日のように取立屋と押し問答です。なにしろ、麻子さんには、収入も資産もありません。そのため、サラ金業者などの貸主は、いくら無関係だと主張しても、昇さんに返せと要求してくるのです。最近では、自宅だけでなく、役所にまで取立てに押しかけてくるので、昇さんはホトホト参っています。しかも、昇さんが離婚調停を起こすと、麻子さんは離婚には同意しましたが、子供の引取りと別居中の生活費を払えと主張してきたのです。

昇さんは、子供を引き渡す気もありませんし、もちろん生活費を払う気もありません。

●解説／夫婦は、それぞれの収入や資力により生活費を分担する

昇さんは子供を引き渡したくなければ、浪費をする母親は子供の監護者として相応しくないと主張することです。しかし、子供は二人とも十歳に満たない児童ですし、また母親の実家で育てられると思われるので、裁判所がどう判断するかは微妙です（子供の引取りについては、離婚話13を参照のこと）。

ところで、夫婦は、その資産や収入そのほか一切の事情を考慮に入れて夫婦生活に必要な生活費用（婚姻費用という）を分担することになっています。（民法七六〇条）。

この生活費は、具体的に言うと、日常の衣料費、食料費（妥当な範囲の外食代や飲み代も入る）、家賃や住宅ローン、光熱費、電化製品や家具等の購入費、娯楽費（度を超すレジャー費やギャンブル代は除く）、医療費（子供の出産費も入る）、子供の養育費(注1)や教育費、交際費などです（日常家事費用ともいう、具体的な範囲や金額は、社会的地位や職業、収入や資産、生活レベルにより異なる）。

分担の仕方は、まず収入割合により、夫婦の収入を合わせても生活費に足りない場

注1▼子供の養育費や教育費は大学卒業まで？
養育費や教育費が必要な子供とは、社会的にも経済的にも、まだ親から独立していない未成熟な子供のことです。
その範囲は、次のような考え方があります。
①中学卒業まで
②高校卒業まで
③成人まで
④大学卒業まで
どれが妥当かは、子供の家庭の事情によります。ただ、一般的に同程度の生活水準の家庭の子供なら大学進学するのが普通という場合、その家庭においては大学卒業まで養

合は資産を分担の基準にします。なお、夫の収入のみで暮らす専業主婦の場合は生活費を分担していないようにもみえますが、これは金銭的に評価されないだけで家事労働や育児など生活に欠かせない仕事をすることで分担しているのです。

もっとも、この分担方法は夫婦仲が円満な場合には問題になりません。一つの財布で暮らそうが、二つの財布で暮らそうが、また分担割合をどうしようが、それは個々の夫婦の勝手だからです。

しかし、夫婦仲が破綻し、別居というような事態が起こると、この生活費の分担が問題になります。夫婦は互いに扶助義務があり、相手に自分と同一水準の生活をさせる義務があるのです。そして、請求を受けたら必要な生活費を原則として払わなければなりません。とくに、夫側に別居原因があったり、妻が無収入やパート収入のみで経済的に苦しい場合は、裁判でも妻の請求が認められるケースが多いでしょう。

なお、離婚を前提に別居した場合も、請求を受けている側（たとえば夫）は離婚成立まで相手方（妻）の生活費の負担を免れないと考えられます。ただし、生活費を請求する側に離婚原因や同居できなくなった原因[注2]がある場合には、この請求が認められないこともあります（最高裁・昭和三九年九月一七日判決）。

梶原さん夫婦の場合、別居は麻子さんの浪費が原因なのですから、昇さんは彼女に生活費を渡さず拒絶すべきです。

育費や教育費がかかると考えて、婚姻費用分担を考慮する必要があると思います。

注2▼別居中の有責配偶者が生活費の請求ができる場合とは

下級審では、必ずしも有責配偶者からの生活費の請求を認めないということもありません。

たとえば、最低生活を維持できる程度の生活費は請求できるとしたもの、その破綻の責任の割合により請求額を減額するというもの、また有責配偶者本人の分は認めないが子供の監護費用を認めたものなどがあります。

●日常の暮らしに必要な出費について、夫婦は連帯して責任を負う

夫婦は一般的に、生活必需品を買ったり、あるいは支払いをする場合、一々相手の承諾などとりません。いわゆる日常家事に関する行為については、夫婦は互いに代理権を持つと考えられているからです。判例も「夫婦は各自平等に日常家事を管理する権限を有し、それに必要な限りで互いに一種の法定代理権を有する。これにより、夫婦一方の法律行為は夫婦双方に効果を生ずる」としています（最高裁・昭和四四年一二月一八日判決）。

そして、夫婦は互いに、相手が独断でした日常家事に関する法律行為（たとえば夕食のおかずを買うなど）から生じた債務（代金の支払義務）については、連帯責任を負うことになっています（民法七六一条）。妻がスーパーで夕食のおかずを買い、その代金をツケにしたという場合、スーパーは夫婦のどちらに代金請求をしてもかまわないのです。夫は、妻が勝手にした買物だから自分に責任はないと主張できません。

ただし、これは、あくまでも日常家事債務についてだけです。いくら夫婦でも、家庭の収入や生活レベルとバランスの取れない分不相応な買物（たとえば高価な毛皮やブランド物のバッグなど）とか、浪費やギャンブルのための借金まで連帯責任を負うわけではありません。このような支出に関して、支払義務を負うのは契約上の連帯保証人になっている場合だけです。連帯保証人でもないのに、中には「夫婦なら払うのが当たり前だ」と強引な取立てをしてくる債権者もいますが、日常家事債務でなけれ

注３▼他人にカードを貸して勝手に使われた場合、本人が支払義務を負う

夫婦でなくても、他人にカードを貸すのは危険です。クレジットカードは、その使用規約で原則として他人に貸すことを禁じています。もし、その規約に違反して他人に貸し、カードを借りた人が無断で使った場合、その分の支払いをカードの名義人は免れることができません。

ここで紹介する判例も、そんなカードの危険性に気づかずに安易に貸してしまったケースです。

＊

Ｘ女はディスコにいた高校時代の友人に頼まれ、軽い気持ちで持っていたＹ社のクレジットカードを貸してしまいました。しかし、その友人は彼女のカードを無断で使い、一九〇万円余りの買物をしてしまったのです。

Ｙ社から請求を受けた

ば、たとえ夫婦でも、支払義務はありません。余談ですが、取立てがしつこい場合は、最寄りの警察や監督行政庁（サラ金など消費者金融業者の監督業務は金融庁、地方財務局か都道府県主管課、クレジット会社は経済産業省など）に、刑事告訴や行政処分の申立てをしてください。また、消費者庁や消費生活センターや弁護士会などの専門家に相談することもお勧めします。

なお、よく問題になるのは、夫婦の一方（たとえば妻）が、勝手に相手（夫）のカード(注3)を使って買物をしたり、連帯保証人にしてしまう場合です。この場合も、夫は原則として責任を負いません。ただ、妻が借金をした貸主から確認の電話を受けて連帯保証人になるのを追認したり、また日常的に自分のカードを妻に使わせている場合などは責任を免れないと思います。

最近では、夫婦共有名義のカードが横行してますが、便利な反面、これは常に連帯保証や連帯債務をしているのと同じです。このカードの場合は、そもそも日常家事債務ではないという理由で責任を免れることは難しいと考えてください。

さて、昇さんの場合ですが、麻子さんの買物や借金は日常家事債務と無関係ですので、当然支払義務はありません。請求や取立てをするサラ金やカード会社など債権者に、その旨を主張してください。

ただ、家を飛び出した麻子さんは、あなた名義のカードや夫婦の共有カードを今も所持している可能性が高いので、これ以上債務を増やさないよう、至急解約手続きを

X女は、そのカード規定には本人以外が使用した場合の本人の支払責任が明記されていないことを理由に、債務不存在確認訴訟を起こしています。しかしY社もX女を相手どり、その代金支払いを求めて反訴したのです。

裁判所は、クレジットカードは規約上、①本人以外の使用を禁じていて、しかも②盗難等による不正使用については本人の損害が補てんされる補償規約があることを指摘、規約違反のカード貸与による不正使用は、本人がその債務を負担するとの約定が当然成立しているとしました。その上で、X女の請求を棄却して、改めて代金約一九〇万円の支払いを命じたのです（大阪地裁・平成六年一〇月一四日判決）。

取ることも合わせてお勧めします。

なお、平成二十二年六月から施行された改正貸金業法により、今日では、専業主婦は夫の同意（承諾）なしに貸金業者からの借入れができなくなりました。具体的には、夫が同意すると専業主婦である妻に借入れの限度額（極度額）が通知され、妻の借入れが可能になるわけです。その場合、夫は日常家事債務かどうかに関わりなく、その極度額まで保証することになります。

この話のポイント

- 日常家事債務でなければ、妻の買物代金を夫が支払う必要はなし。
- 夫婦仲が悪くなったら、夫婦共有名義のカードには気をつけろ。

離婚話10●親子関係と嫡出否認の訴

子どもは自分の子じゃない。金を出さずに妻を追い出したいが――

夫35歳・玩具メーカー勤務　妻33歳・デパート勤務
子供1人（幼児）
結婚4年　賃貸マンション

●子どもが自分の子ではないという疑いは、どんどんふくらみ……

和田明夫さんは、子煩悩です。一粒種の直人君が生まれてからは、同僚とのマージャンも大好きな酒の席も極力控え、仕事が終わると一目散に自宅に帰ります。帰宅してすぐ、風呂に直人君を入れ、その後も、寝るまで子供の傍から離れようとはしません。奥さんの紀子さんも、呆れるほどの可愛がりようなのです。

ところが二歳の誕生日を過ぎた頃から、明夫さんは考え込むようになりました。というのは、直人君の顔が自分の幼な顔にはまるで似ていないのです。ふっくらと丸みを帯びた顔の輪郭や唇の形は紀子さん似ですが、太い眉とくっきりとした目鼻立ちは彼女の上司だった神山部長の風貌に似ている気がします。

もしかしたら……。紀子さんに妊娠を告げられた時からどうしても頭から離れない、かすかな疑惑が、また明夫さんの脳裏に広がってきたのです。

「バカなこと言わないで……！　直人は、あなたの子供に決まってるじゃない」

不安を口にした明夫さんに、紀子さんは苦笑し、はっきり否定しました。明夫さんは、彼女の言葉を信じようと思いますが、心のどこかでやはり疑いを消せません。というのは、紀子さんが自分と付き合う直前まで、神山部長と不倫の間柄だったことを知っていたからです。しかも彼女は、明夫さんと付き合い始めてすぐ妊娠しています。

明夫さんは、紀子さんから妊娠二か月と言われ、慌てて入籍したのです。言わば「出来ちゃった結婚」でした。入籍後、二〇〇日余りで直人君が生まれたのですが、その可愛さに明夫さんは誰が父親かと疑ったことなどすっかり忘れていたのです。それに夫婦仲も良く、それなりに幸せだと思っていたのですが――。

「こんなことなら、あの時、どっちが本当の父親かきちんとさせておくべきだった……」

明夫さんは、だんだん他の男に似てくる直人君の笑顔を見ながら、そう思っています。

＊　＊　＊

明夫さんと紀子さんは共稼ぎです。紀子さんは産休期間が終わると、すぐ勤めに戻ったので、直人君はゼロ歳児から保育園に預けることにしました。朝は、出勤時間の遅い紀子さんが直人君を保育園に預け、職場が近くて残業のない明夫さんが午後五時半までに保育園に迎えに行くことにしたのです。

それは、直人君が、まもなく三歳になるという日でした。マンションへ帰る道すがら、直人君が明夫さんに尋ねてきたのです。

「パパは何型？　僕はA型だって……」

明夫さんは、頭の中が真っ白になりました。明夫さんの血液型はB型。紀子さんはO型です。二人の間に、A型の子供は絶対にできません。

「あなたをダマすつもりはなかったのよ。ずっとあなたの子供だと、私も思ってた」

「いつだ！　直人が、あいつの子だと知ったのは」

「つい最近のことよ。本当なの、信じて……！」

「今さら、君の言い訳なんか聞きたくない。離婚だ！」

明夫さんは紀子さんに対し、強く離婚を求めました。もちろん、慰謝料も財産分与も、そして直人君に対する養育費も、一切払うつもりはありません。それに、何よりも直人君を自分の籍から抜きたいと、明夫さんは考えているのです。今、紀子さんは直人君を連れて、実家に帰っています。

●解説／生まれて一年以内なら、夫は嫡出否認の訴を起こせる

子供の父親が夫以外の男性とわかり、父子関係をめぐって裁判になるケースは実際あります。著名な芸能人夫妻の子供の父親がＤＮＡ鑑定で夫ではないことがわかり、夫がその子と父子関係がないことを求めた裁判のニュースは記憶に新しいでしょう。

ただ法律は夫婦間の子供は正常な夫婦関係から生まれることを基準としており、次の場合は原則として、その夫の実子（嫡出子）だと推定しています（民法七七二条）。

①妻が結婚中に妊娠した子供は、夫の子供と推定する

②妻が、結婚成立の日（婚姻届を役所が受理した日）から二〇〇日よりあと、または離婚から三〇〇日以内に生んだ子供は、結婚中に妊娠したと推定する

直人君は結婚してから二〇〇日よりあとに生まれたので、法律上は明夫さんの嫡出子と推定されたのです。しかし、二〇〇日（注1）以前の出生なら嫡出性の推定はできません（前出芸能人夫妻の子供はちょうど二〇〇日目に生まれたので嫡出推定を受けない）。

注1▼結婚二〇〇日以前、離婚三〇〇日超の子供も実務上嫡出子とできる
上記芸能人のケースは、夫が親子関係不存在確認訴訟を起こしています。裁判所は、子供は結婚後二〇〇日目の生まれなので、民法七七二条の嫡出推定を受けないと指摘、ＤＮＡ鑑定でも夫と血縁関係がなく、親子関係はないとする夫側の主張を認めました（東京家裁・平成二七年一一月一九日判決）。
なお、嫡出推定を受けない子供でも、その父母

しかし、この嫡出性の推定の規定というは、あくまでも社会の経験上、夫婦間の子供はこうだろうと、一応認めているにすぎません。現実には、たとえ結婚中でも、妻が不倫をして夫以外の男性の子供を生むこともないとは言えないのです。そして、その場合には、夫は生まれた子供の嫡出性を否認できます（民法七七四条）。夫は、子供の母親（妻）を相手取り、家庭裁判所に嫡出子否認の調停を申立てて、その子供の父親が自分ではないという確認を求めるのです（嫡出否認の訴（注2）、民法七七五条）。なお、この申立てができるのは、夫である子供の父親に限られています。たとえ親族でも、夫以外の者は嫡出否認の訴の申立てはできません。この嫡出性否認の、つまり夫が子供と親子関係がないと主張できるのは次のような場合です。

①夫と妻が別居していて、長い間、性交渉がない場合

たとえば、夫が何年も前から刑務所に入っているとか、海外に単身赴任中で夫婦は何年間も顔をあわせていないという場合、妻が妊娠したとしても、その子供の父親は夫以外の男性であることは明らかです。同様に性交渉がないケースで、妻が夫の死後、冷凍保存した夫の精子を使って妊娠した事例で、最高裁は生まれた子の父親を死亡した夫と認めない判断を示しました（平成十八年九月四日判決・離婚話7参照）。

なお、授精・妊娠から出産までの期間は、よく十月十日と言いますが、実際には二七〇日前後と言われています。ですから、出生前一年、妻と性交渉がなければ、生まれた子供の父親は間違いなく夫ではありません。

が正式に結婚する場合は戸籍事務の実務上、夫婦の嫡出子として出生届を受け付けることになっています。

注2▼親族が嫡出否認の訴を起こせる例外とは

夫が子供の出生前または出生後一年以内（嫡出否認の訴の提訴期間内）に死亡した場合は、その子供がいるために相続権をなくしたり、相続分が減る人、また夫の三親等内の血族は、嫡出否認の訴を提訴できます。

なお、親子関係不存在確認訴訟は、利害関係人なら誰でも提訴できます。

②夫に生殖機能がない（不妊）場合

③血液型鑑定、ＤＮＡ鑑定など、科学的鑑定により、親子関係が否定された場合

ＤＮＡ（注3）鑑定は、誤差百万分の一の精度と言われています。

④その他、親子関係がないことが立証できる場合

これは、万人が納得できる根拠を示さなければなりません。たとえば、子供の母親（妻）が夫の子供ではないと認めても、それだけではダメなのです。通常の民事訴訟では、相手が認めた事実を裁判所が覆すことはまずありませんが、嫡出否認などの親子関係に関する民事訴訟（人事訴訟という）では裁判所が職権で調査しますので、たとえ相手が認めても裁判所の調査により否認される可能性も否定できません。

直人君の場合は血液型が合わないのですから、明夫さんは嫡出否認の訴を起こせばいいように思えます。しかし、明夫さんは、もう提訴できません。というのは、この申立ては、子供が生まれたことを知った時から一年以内でないとできないからです（民法七七七条）。直人君は今三歳ですし、しかも明夫さんはずっと一緒に暮らしてきたのですから、すでに提訴期間を過ぎています。この規定で、親子関係を争うことはできません。

●親子不存在確認訴訟なら、出生後一年を過ぎても争える

明夫さんのように、出生から一年以上が過ぎ、嫡出否認の訴が提訴できなくなった

注3▼ＤＮＡ鑑定の精度は誤差百万分の一

親子鑑定は、従来血液鑑定により行われていたが、最近ではＤＮＡ鑑定も行われる。その精度は誤差百万分の一といわれ、血液鑑定と比べて、より精度が高くなっています。

ただ、血液鑑定にしろＤＮＡ鑑定にしろ、その結果によっては、子供の権利関係に大きな影響を及ぼすため、子供や法定代理人である母親が同意しない限り、鑑定を強制する手段はありません。子供の権利への配慮が優先するからです。

判例でも、血液鑑定を妻が拒絶したことが、即親子関係を否定する証拠にはならないとして、夫側からの親子関係不存在確認請求を棄却したものもあります（東京高裁・平成六年三月二八日判決）。

場合、夫はもう絶対に親子関係を争えないのでしょうか。

これには例外があります。たとえば、妻が妊娠した時期に夫が海外駐在中で、妻を妊娠させることは生理的に不可能という場合には、一年を過ぎても親子関係を争えます。ただし、この場合には、嫡出否認の訴ではなく、**親子関係不存在確認の訴**を提起して、自分の子供ではないとの確認を求めるのです。なお、嫡出否認の訴も、親子関係不存在確認の訴も、いきなり裁判にすることはできず、まず調停を申立てます。

明夫さんは、直人君の住所地を管轄する家庭裁判所に、直人君（実際には、法定代理人で母親の紀子さん）を相手取り、親子関係不存在確認の調停を申立てればいいわけです。紀子さんが直人君の父親は上司の部長だと素直に認めれば、血液型からも明らかですから問題ありません。明夫さんと直人君の間に、親子(注4)関係がないことを記載した調停調書が作られ、それにより明夫さんは直人君の除籍が申請できます。しかし、もし紀子さんが、あくまでも明夫さんが父親だと主張すると、少々厄介です。当然、調停は不調となって、争いの舞台は裁判に移ります。

この場合、血液型鑑定やDNA鑑定が済んでいれば、その鑑定書を証拠として親子関係不存在を立証できるでしょう。しかし、医師のカルテなど正式な書類が残っている場合はともかく、そうでなければ改めて裁判所で鑑定してもらうしかありません。ただ、裁判で立証のために血液型鑑定が必要と申立てても、子供側が応じなければ裁判所が血液型鑑定を認めないケースもあります。これは、いつまでも父親を確定させ

注4▼血液鑑定で夫の子供でないとわかったが

この事件は、嫡出否認の訴の提訴期間が過ぎてから、子供が自分の子供ではないと知った父親が、家庭裁判所に嫡出否認の調停を申立てたというものです。

＊

X男の妻A女は、Y女を出産してから三年ほど経って、その娘が彼の子ではないと夫に告白しています。これを裏付けるかのように、調停申立て後の血液鑑定でも九八・六六％の確率で、Y女はX男の娘ではないとされました。しかし、裁判所は提訴期間を過ぎているという理由から審判できないという見解を出して、調停不成立となった事件です。

その後、X男はY女を相手取り（母親のA女が法定代理人）、その嫡出性を否認するよう求めて裁判を起こしました。ま

ないのでは子供がかわいそうだということで、子供の福祉を優先させる結果です。しかも、この場合には、たとえ性交渉の月日から夫の子供ではないと推定できても、裁判所は科学的根拠に乏しいという理由で夫の請求を認めないこともあります。

明夫さんの場合は、性交渉の日時からどちらの子供か確定するのは難しいと思われますので、もし正式な鑑定書がなく、直人君側が血液型鑑定に応じてくれなければ、まず敗訴は免れません。敗訴となれば、当然直人君は明夫さんの実子として戸籍上に残りますから、たとえ紀子さんと離婚しても、養育費は払わなければなりません。また、最終的には自分の遺産も法定相続人として相続させなければならないのです。ただし、直人君の成人後、改めて親子関係不存在の訴を起こすことはできると思います。なお、すでに何度も解説をしていますが、紀子さんに対する財産分与は免れられません。

紀子さんが結婚後に部長と関係があったというなら慰謝料の請求ができますが、結婚前の、それも婚約もしていない時の出来事は、道義的な非難位しかできません。お気の毒ですが、性悪女に引っ掛かったと諦めるしかないでしょう。

この話のポイント

- 親子関係の争いはデリケート。迅速な対応を。
- 裁判所は子どもの福祉を優先させる。

た、予備的請求として、親子関係不存在の確認も求めています。

裁判所は、嫡出否認の訴については提訴期間の一年を過ぎているとして棄却しました。しかし、予備的請求については、血液鑑定の結果、原告と被告の間に自然的血縁関係がないことは客観的に明白であり、かつ双方が形式的親子関係の解消を望んでいるとして原告からの請求を容認しています（大阪地裁・昭和五八年一二月二六日判決）。

お父さんのための離婚のコラム●4

国際離婚する日本人には、日本法が適用される

わが国では、離婚は原則自由です。夫婦の双方が離婚に合意して、離婚届を提出すれば、法律上の離婚が成立します（民法七六三条～七六五条）。では、国際結婚した日本人が離婚する場合にも、民法など日本の法律が適用されるのでしょうか。

●離婚を認めない国もある

離婚する夫婦の一方が日本人（日本国籍を持つ人）で、その人が日本国内に住んでいれば、日本の法律が準拠法です（法の適用に関する通則法二七条）。国際離婚の準拠法は、かつては夫の本国法でしたが、平成元年（旧法例）に改正されました。もちろん、離婚届も、日本人同士の離婚と同じように受け付けてもらえます。

ただし、この法律的効果は日本国内だけしか通用しません。全ての国で、そのまま承認されるとは限りませんので注意してください。たとえば、アメリカやイギリス、韓国などの国では、原則として日本の法律による離婚を認めます。しかし、ドイツのように効力を認めない国もあり、この場合には、別にドイツの裁判所でも離婚手続きを取らなければなりません。

また、離婚を認めない国もあれば、親権者の指定や財産分与について、日本の法律とは異なる規定を持つ国もあります。しかも、日本国外に住んでいる場合、たとえ相手国ではなくても、必ずしも日本の法律が適用されるとは限りません。国際離婚をする場合には、その準拠法が日本の法律か、結婚相手の本国法か、それとも第三国の法律か、少なくとも、どこの法律が適用されるか確めた上で離婚手続きに入った方がいいでしょう。

●外国人と結婚していても、国籍はかわらない

日本人は、たとえ外国人と結婚しても、そのことだけで日本国籍を失うことはありません。中には、外国人配偶者の姓を名乗ると自動的に国籍が変わると、誤解している人も少なくないようです。しかし、自分の意思で相手の国籍を取得し、日本国籍を離脱しない限り、あくまでも国籍は日本なのです（国籍法一一条、一三条）。ただし、一度離脱した日本国籍を、離婚したからといって再取得することはできません。

なお、外国人配偶者の姓を名乗った日本人が離婚した場合は、①離婚から三ヶ月以内なら自分の意思だけで、また②三ヶ月以降なら家庭裁判所の許可を得て、旧姓に戻れます（戸籍法一〇七条二項）。

離婚話11●別居は離婚では有効な手段

別れたいと思うなら、まずは〝別居〟という手も――

夫35歳・会社員　妻36歳・専業主婦
子供　男2人（小2、幼稚園）
結婚10年

●マスオさん、離婚の決断をする

秋山夫婦は結婚してちょうど一〇年になります。夫の一道さんはコンピュータの技術者で、ソフトを開発する従業員が一〇〇名程度の株式会社東海産業に勤めています。妻の房江さんは、一道さんが勤務する東海産業の社長の一人娘で、一道さんとの結婚は社長に見込まれてのことでした。

結婚後、二人は社長宅の敷地に別棟を建てて住み始めました。一道さんは、順調に出世して、三五歳の若さで開発部長という重要な役職につき、将来は社長間違いなしとまで言われています。世間では、〝逆玉〟〝マスオさん〟などと陰口を叩く人もいましたが、技術者の一道さんにとっては、好きなソフトの開発ができればそんなことはどうでもよいことでした。子どもも二男に恵まれ、まさに外見からは順風満帆な人生です。

しかし、そんな一道さんにも悩みがありました。一人娘のために甘やかされて育てられたせいか、とにかく房江さんはわがままなのです。友人と飲みに行って深夜の帰宅も多いし、家庭内の主婦業はお手伝いさん任せです。子どものことも面倒をみる気は少しもないらしく、放任主義なのです。

それだけでも一道さんには許せないことなのですが、最近では社長の娘であることをカサにきて、あれやこれやと指図をするのです。そして、一道さんの唯一の楽しみである休日の釣りも「家庭団欒が大切だから」という理由で、禁止されてしまいました。当然、一道さんは抗議しましたが、受け入れてもらえませんでした。実は、すでに房江さんのわがままの影響で、家庭団欒などなかったのです。

そうしたある日、一道さんはお得意さんの接待で帰りが午前二時になりました。そっと玄関を開けて居間に入ると、なんと珍しく房江さんが起きていたのです。

「どうしたのよ。また、午前様」

房江さんは不機嫌に言いました。房江さんのいつもの癇癪の始まりです。

「仕事、接待だよ」

酔っていたせいもあって、一道さんもぶっきらぼうに言い放ちました。

「その言い方はなによ。一体、誰のお陰で生活ができていると思っているの」

言った後で、さすがの房江さんも息を呑みました。それは、妻としては決して言ってはいけないことだったからです。

「結局そういう風にしか僕を見ていないんだ……。もう僕たちは駄目だな。離婚するしかないな……」

必死の抵抗でした。一道さんは、完全にキレてしまい、もう、この妻とは一緒に生活したくないと本気で思ったのでした。

●離婚を前提の別居

翌日、一道さんは、家を出る決心をしたのです。ただ、問題がありました。子どものことが心配なことと、会社勤めをどうするかということでした。

意を決して、一道さんは社長に事情を話すことにしました。勤務後、社長室に行き、プライベートの話があると言うと、社長は行きつけの小料理屋に一道さんを連れて行きました。世間話が一段落したところで、一道さんは背広の内ポケットから辞表を取り出すと、社長の前に差し出しました。するとそれを受け取った社長は、その場で渡した辞表を破り捨てたのです。

「話は娘から電話で聞いたよ。離婚するつもりだろうが、考えなおしてくれないか」

なんと、社長が頭を下げたのです。

「もう、疲れました。とにかく、今は顔も会わせたくないんです」

一道さんは正直に自分の気持ちを言いました。

「そうか、……じゃあ、しばらく別居したらどうかね。頭を冷やせ」

意外に理解のある発言でした。これが年の功というものかと、一道さんは妙に感心しました。

「実は、私も妻の癇癪に悩まされた時期があってね。房江もその血を受け継いでいるんだろう。忙しいことを理由によく会社に泊まりこんだ。体のいい別居って訳さ」

会社は辞めなくて済みそうでした。しかし、その分、離婚の決心も鈍りがちです。

翌日、一道さんは会社の近くにマンションを借りて家を出ました。子どものことは気掛かりでしたが、もう後戻りはできません。

こうして、一道さんの別居生活が始まったのです。

●妻の駆け落ち――意外な事件の顚末

別居といっても、会社での仕事が忙しい一道さんとっては、会社の近くにマンションでも借りて泊り込みの仕事をしているような生活でした。困ったことといえば、たまの休みに子どもとキャッチボールなどをして遊ぶことが出来ないという寂しさぐらいのことでした。生活そのものは、妻に頭を押さえつけられない分だけ活き活きとしていました。

別居から三日後に、妻の房江さんから会社にいる一道さんに電話がありました。

「あなたの態度、あまりにも無責任よ。話だって何もしてないいんじゃないの」

房江さんはいきなりまくしたてました。

「もういいよ。君とは議論したくないんだ」

一道さんは冷静に応じました。というのは、ここ二、三日の平穏な生活で、すっかり気持ちも和んでいたからです。あれだけ恐れていた妻の声も、今は普通に聞けるのです。

「わかりました。あなたの言うとおり、離婚しましょう。離婚届送るわ」

荒々しくそう房江さんが言うと、電話はそれで切れました。「相変わらずだな…」一道さんは、妻の態度に哀れみさえ感じていました。

しかし、数日たっても離婚届の用紙はなぜか送られて来ません。その後、社長が気にして、一道さんと社長は何度か会食しましたが、子どもの様子を語ってくれるだけで、房江さんのことには一切触れようとはしません。

別居から一か月が経ちました。離婚届のことは気になっていましたが、別に再婚相手が居るわけではなく、急ぐ理由もありません。そんなある日、一道さんは「話がある」と社長に呼ばれました。

離婚についての話だろうと一道さんは覚悟しました。しかし、話は意外にも、房江さんが駆け落ちしたというものでした。駆け落ちした理由は、強行に社長が離婚に反対したためということでした。離婚の話が持ち上がり、わがままな房江さんにはこのことが耐えがたく、浮気に走ったのです。相手は、房江さんが大学時代に付き合っていた人ということでした。

事情を一通り話し終えた社長は、子どものこともあるし、とりあえず家に帰って欲しいという要望をしました。日頃温厚な社長も、さすがに困り果て、憔悴しきっていました。

「それで、離婚はどうなるんですか？」

思わず一道さんが質問しました。

「本人がいなければ当分は離婚はできないということだ。離婚騒動の後は、駆け落ちか。まったく何を考えているんだろうね」

憮然とした言い方でした。

「会社は辞めることはないよ。君に辞められたら困る。すべては房江のわがままが原因なんだから」

一道さんは悩みました。こんな状態で義父のもとで仕事をすることは、許されないことではないかと思えたからです。また、社内で何を言われるかわかったものではありません。しかし、妻が行方不明の今は離婚しようにも当分は手だてがないのです。

いずれ妻の側から連絡があり、正式に離婚したいという申し入れがあるだろう。そしたら、そのときに話し合って正式に離婚するしかない、一道さんはそう考えました。

その後、一道さんは子どものために家に帰りました。そこで妻からの連絡を待つことにしたのです。連絡の手紙は思ったよりも早く来ました。その封筒には離婚届が同封されていました。

こうして、一道さんの別居による離婚作戦は成功したのです。その後、社長である房江さんの父は、娘と縁を切ると宣言しました。一道さんは、今もかつての義父が経営する会社に勤めています。子どもとも仲良くやっています。外野席でとやかく言う人はいますが、離婚前と同じく離婚後も一道さんと社長の親しい関係は変わらないのです。

●解説／「別居」は離婚では有効な手段だが、事態をこじらす場合もある

別居については問題も多くありますが、離婚をする場合の有効な手段の一つと言えます。というのは、離婚で騒動が起きている場合、別居はお互いが冷静に考えるための冷却期間となるからです。

また、法律上は別居していても夫婦ですが、事実婚の立場をとれば夫婦の共同生活はなくなるのですから、事実上は離婚していることになるでしょう。

このように別居は、離婚したいと思う側からすれば、相手に離婚を同意させる有効かつ強行な手段ともいえますが、一方、相手方の感情を逆撫ですることにもなりかねません。なにがなんでも離婚しないと言い張られたら困ることになるのです。また、別居していても、原則として生活費(注1)は支給しなければなりませんし、子どもの親権も喪失するわけではありませんので、生活費などの面倒をみるという親権者としての責

注1▼別居と生活費
別居で直面するのが生活費の問題です。
具体的には、①子の養育費や、②配偶者が生活に困るようなときの生活費をどうするかということです。
①の養育費については、自分と同じ程度の生活を保障するということになっています。また②の配偶者の生活費については、夫婦関係の破綻の程度や破綻に対する責任の有無、あるいは別居をやめ元のサヤに納まる可能性などで判断は異なってきます。
通常、話合いで決めますが、話合いがつかない

任は当然あります。

さて、本例では、妻のわがままが原因で夫婦間にいざこざが起きて離婚に向かうという事例を取り上げましたが、実は別居をした夫側の責任も重大なのです。この行為は民法七七〇条の「悪意の遺棄」（41頁参照）に該当するとして妻から離婚の請求をされてもしかたがない行為なのです。もっとも、本例のように離婚したいから別居するという場合には、この離婚請求はやぶへびということになります。しかし、別居した側は、同居義務違反、悪意の遺棄の責任をとって、それ相応の慰謝料は支払わなければならないでしょう。

なお、蒸発などで行方不明の場合には、生死が三年以上不明であれば離婚することができます。また、七年以上生死が不明であれば、失踪宣告の申立てを家庭裁判所にして失踪宣告が出れば、死亡したものとみなされますので、その後、再婚することも可能です。

この話のポイント

- 別居は離婚するための有効な手段。
- ただし、別居は「悪意の遺棄」とみなされる場合がある。
- あくまでも、非常手段と考えること。

ときは、家庭裁判所に婚姻費用の分担に関する調停を申立てて決めてもらうことになります。

NOTE▼配偶者名義の貯金を持ち出すと……

夫名義の預金でも妻の分もカードをつくり、両者が引き出せるようにしている場合が多くあります。こうした夫名義の預金を別居後に勝手に引き出し生活費に使った場合はどうなるでしょうか。

夫婦で蓄えた貯金の半分を妻が自分の名義にして家出し、後に離婚した事件では、裁判所は夫から妻に対する損害賠償請求を認めませんでした（横浜地裁・昭和五三年三月二四日判決）。

なお、離婚の前後で、妻がチャッカリ夫名義の預貯金などの財産を自分の名義に変えていたという話は、まま聞くことです。財産管理はしっかりしておくことが大切です。

お父さんのための離婚のコラム●5

離婚で自分の財産を守るには…

●保全手続きを活用する

離婚紛争も話合いがつかない場合には、紛争はエスカレートしていき、少しでも自分が得するような行動に出るものです。たとえば、預貯金の問題があります。夫が働いて、妻が家事といった場合、通常、夫名義で預貯金などの財産の貯蓄がなされています。ところが、妻がその預貯金の管理をしている場合が多く、簡単に自分名義の口座に移してしまうことができるのです。また、妻の側からすれば、財産を愛人などの他人に贈与されたのではたまったものではありません。

こうした場合に、財産を勝手に移したり、処分することができないようにするのが保全処分です。

この保全手続きには、離婚の場合には、①調停前の仮の処置、②審判前の保全処分、③訴訟における民事保全があります。

●調停前の仮の処置

この処置は、調停終了までの間、当事者の申立てなどにより、調停委員会が職権で調停のために必要な処分を命ずることができるというものです。処分命令は、⑴現状の変更・物の処分の禁止、⑵その他、調停の内容となる事項の実現を不能または著しく困難とする行為の排除、などです。ただし、執行力はありません。

●審判前の保全処分

この処分は、審判申立て以後、当事者の申立てにより、⑴仮差押え、⑵仮処分、⑶財産の管理者の選任その他必要な事項についての保全処分、を命ずることができるというものです。

これには、婚姻費用や養育費の仮払い、子の引渡し、預貯金の仮差押え、不動産等の財産の処分禁止・占有移転禁止、などがあります。

●民事保全法による処置

離婚で訴訟となった場合には、民事保全法による財産などの保全の申立てをすることができます。具体的には、不動産や預貯金、給料債権や退職金債権の仮差押え、あるいは財産の処分禁止の仮処分などの方法があります。この保全処分が認められるかどうかは、保全の必要性などを裁判所が考慮して決定します。

いずれにしても、こうした手続きは難しい側面もありますので、担当の調停委員や審判官あるいは弁護士などと相談することをお勧めします。

離婚話12●男の甲斐性・女の浅知恵

借金の迷惑をかけないためにした離婚が仇に――

［夫42歳・スーパー店長　妻35歳（店手伝い）
子供2人（長女・高校2年、長男・中学3年）
結婚16年　賃貸マンション

●店長として経営責任をとり退社、そして独立

水野靖夫さんは、東西食品というスーパーマーケットのチェーン店の店長として勤務していました。ところが、二年前、近くに大手のスーパーマーケットが進出して以降、売上げは伸び悩み、品揃えの変更や価格の引下げなどの努力をしたのですが、その効果もなく、靖夫さんが店長をしている店は閉店と決まりました。その時、店長である靖夫さんは、他のチェーン店に移るという話もあったのですが、売場主任に降格ということでしたので、責任をとる形で退社しました。

その後、就職活動をしたのですが、年齢や給与などの条件のことで求人する側の会社となかなか折り合いがつかず、靖夫さんは就職することを断念して店を出すという一大決心をしたのです。そして、間口二間、坪数にして約一〇坪の食料品を中心とした小型版ともいえるスーパーを開店しました。

開店資金は約二〇〇〇万円。これは国民政策金融公庫より開業資金として一〇〇〇万円、貯金から五〇〇万円、親戚や知人から五〇〇万円を工面しました。開店にあたっては、十分収支の検討をして、かつての店長としての顔を活かして仕入れなどでは安くしてもらうなど、背水の陣で臨んだのです。

しかし、経営には大きな誤算がありました。今日では、余程特徴のある小売店でもないかぎり、消費者はなんでも売っている大型スーパーへと流れていくのです。これに対抗するには、品揃えと定価を安くするしかありません。いい品物を安くという方針に切り換えたのですが、そこは資金のない悲しさで、すぐ近くにある大型のスーパーに真似されると、せっかく足の良かった商品もすぐ売れなくなるのです。

こうした状況で、開店二か月後には、仕入れ商品の支払いに困り始めました。当面の生活費や子どもの進学にと残しておいた約一〇〇万円の貯金もつぎ込むことになり、この頃から店を手伝ってもらっている妻の亜紀さんとの会話も険悪になってきたのです。

「こんなことをしてて、私たち家族はどうなるのよ。あなたは好きでやっているからいいけど」

靖夫さんは、亜紀さんの愚痴るような言い方に不機嫌になりました。

「俺だって家族のために一生懸命やっているんだ」靖夫さんは、そう大声で怒鳴りつけたかったのですが、情けなくなって言うのを止めました。亜紀さんは、ますます靖夫さんを責めました。

こんな状態ですから、家庭の雰囲気も一変しました。あんなに明るかった家庭から笑い声が消えてしまったのです。高校二年生の長女は、早速アルバイトをはじめ、中学三年生の長男は、家が暗いといって友達の家に入り浸って帰ってくるのも深夜が多くなりました。

靖夫さんは、店さえ上手くいくようになれば、また、元の仲のよい家庭が戻ってくると考えました。しかし、いちど上手くいかなくなった店を立て直すのは至難の技であることは、この業界で長く働いていた靖夫さんがいちばんよく知っていました。

●自己破産で借金地獄から脱出をはかる

そんなある日、亜紀さんが仕事中に、突然ヒステリックな声を出しました。

「もう、たくさんよ。何のために朝から晩までこうして働いているの。借金を増やすため」

亜紀さんはそう言うと泣き出しました。靖夫さんも疲れていました。誰よりも、店がうまくいかず家族に申し訳ないと思い、苦しんでいたのは、靖夫さんだったからです。妻に返す言葉もなく、靖夫さんは黙々と仕入れた品を並べていました。

「パートのほうがまだましよ。私、明日からでもパートに出ることにするわ」

靖夫さんは、仕入れなどのこともあり、一人ではやっていくことはできません。かといってアルバイトを雇う費用もありません。「頼むからもう少し頑張ってくれ」と哀願する靖夫さんの言葉にも、もう亜紀さんは耳を傾けませんでした。

翌日から亜紀さんは店に来なくなりました。靖夫さんは、仕方なくアルバイトを雇ったのですが、出費はいよいよ増すばかりでした。加えて、当初、ご祝儀で安く仕入れていたものが、支払いの遅延などもあり、安く入らなくなってしまったのです。困った靖夫さんは、資金繰りに奔走するようになりました。そして、友人知人から約五〇〇万円の借金をし、返済に困ると消費者金融にも手を出すようになったのです。

やがて店には、午前といわず、午後といわず、ひっきりなしに借金返済の督促の電話がかかってくるようになりました。この頃には借金だけで二〇〇〇万円にもなっていたのです。月々の返済だけでも、一〇〇万円を超え、もうやっていける状態ではありませんでした。

それでも、靖夫さんはあきらめきれずに、借金するために昔の仲間で、この道の先輩でもある吉川達治さんに会いました。靖夫さんは店の経営が火の車であることを隠して、何とか借金をしようとしました。しかし、吉川さんもこの道のプロ、靖夫さんの店の売り上げや利益額・借金の額など実情を聞いてきました。靖夫さんは、もう隠すことはできず、正直に答ました。

「再建は無理だね。自己破産でもして出直した方がいい。僕が君にしてあげられることは、弁護士を紹介することぐらいだ」

そう言うと、アドレス帳を取り出して、弁護士の氏名と電話番号をメモした用紙を差し出しました。

帰り道、靖夫さんは吉川さんに腹が立って仕方がありませんでした。しかし、メモ用紙を破り捨てることはできませんでした。それだけ、切羽詰まっていたのです。

その夜、靖夫さんは吉川さんに言われた自己破産のことを妻の亜紀さんに話しました。久しぶりに交す夫婦の会話でした。

「自己破産……、私はどうなるの。子供はどうなるの」

真剣な顔で亜紀さんが聞きました。

靖夫さんは、吉川さんから聞いたとおり、自己破産しても家族には何の影響もないと説明しましたが、亜紀さんは信用しません。こんな会話を繰り返しているうちに、すっかり靖夫さんは嫌気がさしてきました。そして、しばらく考え込んだ後で、こう提案しました。

「僕だって自己破産なんかしたくない。先輩があんなことを言ったことは憎んでさえいるよ。でも、もう自己破産するしか道はないのかもしれない。……で、どうだろう、君が家族のことを心配するなら、自己破産前に離婚することにしようじゃないか。しばらくしたら、また再婚すればいい。借金は増えるが、慰謝料ということで少しは出せると思うが……」

亜紀さんはびっくりして聞いていました。こうして、その夜、二人は偽装離婚に合意したのです。早速、離婚届を出して水野さん夫婦は別居することにしました。その後、店もたたみ、返ってきた権利金の約二〇〇万円を慰謝料・財産分与の名目で亜紀さんに渡しました。もちろん、借金の返済は一切とどこおったままです。その後、水野さんは住込みのタクシーの運転手に転業しました。

そして、離婚から一か月ぐらいした日に、晴夫さんは弁護士に依頼して自己破産の申立てをすることにしました。この頃になると、質の悪いヤミ金の借金の取立て電話が住込み先のタクシー会社の寮にも集中するようになり、靖夫さんは、この借金地獄から一日も早く脱出したいという気持ちで一杯でした。自己破産は思ったより簡単に進み、申立てから約一〇か月後に靖夫さんは借金から解放されたのです。

●再婚を申入れたが妻は復縁を断る

自己破産で借金がなくなった靖夫さんは、久しぶりで妻の亜紀さんに会いました。亜紀さんは派手な身なりをしていました。靖夫さんが理由を聞くと、実入りのいいスナックのホステスとして働き始めたということでした。

靖夫さんは再び入籍するつもりでしたので、亜紀さんにそう言うと、喜んでくれると思っていた亜紀さんが困ったような表情をしたのです。

「このままでいいんです。子どもの養育費さえ払ってもらえば……」

亜紀さんの言葉に、靖夫さんは取り乱してしまいました。

「それはないだろう。あれは偽装離婚だよ」

意外な言葉に靖夫さんは、思わず大きな声を出してしまいました。

「偽装離婚でも、無効は主張できないと店に来る弁護士さんが言っていたわ。それに、結婚してくれって言う人がいるんです。子ども達も賛成しています。もう会いに来ないでください」

約一年の間に妻の亜紀さんは、すっかり変わっていました。再び家族との楽しい生活を夢見て、苦労して来たこの一年は何だったのだろう。落胆して怒る気力もなく、靖夫さんは亜紀さんと別れました。それが靖夫さんが、かつての妻と会った最後でした。

それから数日、靖夫さんは働く気力もなくなり、体の具合が悪いと言って仕事も休み、ただ部屋の中に閉じこもっていました。そんなある日、靖夫さんのもとに一人の男が訪ねてきました。その人は自己破産をすすめ弁護士を紹介した吉川さんでした。

「二号店を出すことにしたんだ。どうだい、店長としてやってくれないか？」

失意の中にいた靖夫さんは、思わず吉川さんにすがって泣いてしまいました。

一か月後に靖夫さんの店長としての忙しい生活が始まりました。経営者としては人がよすぎて失格だった靖夫さんですが、吉川さんのもとで働きはじめると、失敗した経験も活かして着実に業績を伸ばしていきました。そして一年後、靖夫さんは吉川さんが紹介してくれた人と再婚することになりました。

そんなある日、再婚の話をどこで聞きつけたのか長女が訪ねてきました。長女は、かつての妻の亜紀さんが再び離婚したこと、そして、靖夫さんともう一度やり直したがっていると言いました。しかし、気の毒には思ったのですが、「断る」と言いました。人のいい靖夫さんが、ハッキリと亜紀さんが嫌がる意思表示をしたのは、これが初めてで最後でもあったのです。しかし、娘に対しては、困ったらいつでも訪ねてくるように言うことも忘れませんでした。

●解説／不況が増やす離婚

リストラや事業の失敗などで離婚するというケースが、時代を反映して多くなっています。いわゆる金の切れ目が縁の切れ目といった離婚です。人生とは妙なもので、頑張ったからといって、必ずしも報われるとは言えないのです。

妻の側からすれば、事業がうまくいかず、あるいは失敗して借金だけが残った夫は、生活費も入れられない甲斐性のない男としか映らないでしょう。一方、夫にしてみれば頑張ってるんだから、なんとか辛抱して耐えてくれと言いたいでしょう。こうした、感情の行き違いが離婚の引金となる場合が多いのです。

本例では借金による自己破産と離婚の問題を取り上げましたが、この問題を法律的に言えば、借金が多いということだけでは離婚原因とはならず、離婚することはできません。しかし、そのことが原因で夫婦間のイザコザが絶えず、夫婦としての関係が破綻しているのであれば、離婚(注)が認められる場合もあるでしょう。

また、世間では妻と離婚することにして財産分与をし、債権者の取立てを免れるという方法を考える人がいます。しかし、本文でも述べたように、これには落とし穴があり、例え偽装離婚でも、一度離婚してしまうと、その離婚の無効を主張することは

注▼借金と離婚
借金をしているというだけでは離婚原因とならないということは、すでに上記解説でも述べたとおりです。
では、どういうケースで離婚ができるかと言いますと、サラリーマンの場合、消費者金融などからの借金が原因で長期間家庭に給料を入れない（悪意の遺棄）、借金の取立てが厳しいため蒸発してしまった（悪意の遺棄、三年以上の生死不明）などの場合があります。また、借金が原因で夫婦の喧嘩が絶えず、暴力行為などがある場合には、婚姻を継続し難い重大な事由があるとして、離婚が認められるでしょう。

できないというのが裁判所の判断です。したがって、離婚後、復縁しようと思っても、一方から拒否されればそれまでということになります。

なお、財産を残すために虚偽の離婚をした場合には、詐害行為として、債権者はその財産の移転を取り消すことができるということになります。さらに、夫の財産を守るための形式的な離婚により不動産を財産分与として妻に譲渡した場合には、債権者の申立てにより民法の通謀虚偽表示として無効となることもあるかもしれません。

なお、協議によって離婚する場合は、離婚理由は問われず、離婚届を役場に提出するだけです。

この話のポイント

・借金が多いということだけでは離婚原因にはならない。
・夫の借金はあくまで夫の借金であり、妻には関係がない。
・例え偽装離婚でも一度離婚が成立したら無効を主張することはできない。

子どもを母親に渡さず、父親が親権者になる

夫32歳・長距離トラックの運転手　妻30歳・保険の外務員
子供一人(2歳)
結婚5年　マンション購入

●妻の浮気、そして中絶

高木健一さんは運送会社に勤める長距離トラックの運転手です。一方、奥さんの有紀さんは保険の外務員をしています。この夫婦には二歳になる直樹君がいます。健一さんは元は電機メーカーの社員でしたが、体力に自身があったので、マンションを購入するために実入りのいい長距離トラックの運転手に転身して五年になります。健一さんと有紀さんは結婚後、健一さんの実家で新婚生活を送ったのですが、嫁姑の仲が悪く、結婚して一年後にはアパートを借りて実家を出たのです。そして、つい一年前に、念願かなってマンションを購入し引越しましたが、不況により健一さんの収入は減る一方です。

長距離トラックは深夜に走ることが多く、そのために、健一さんは留守がちとなり、奥さんの有紀さんとは、すれ違いが多い生活です。たまに健一さんが早く帰ってきても、妻の有紀さんは保険の外務員として働きに出ている場合が多く、そんな時、子どもの直樹君は日頃は仲の悪い健一さんの実家の姑《しゅうとめ》にちゃっかり預けられていたのです。これでは息子の直樹君が寂しくはないかと心配でしたが、健一さんは妻に文句の一つも言いませんでした。むしろ、ローンを抱えて大変な生活状態なので、家計の足しにと頑張って

いる妻に感謝さえしていたのです。そんなわけで、有紀さんがたまに保険の勧誘のための接待で酔っ払って帰ってくることがあっても、健一さんは怒るどころかやさしく介抱さえしていました。

しかし、そうした健一さんの態度が一変するできごとが持ち上がりました。ある日、妻が「妊娠したらしい」と言ったのです。健一さんは驚きました。というのは、健一さんと奥さんとの間にセックスはここ数か月ありませんでした。そのことを、健一さんが有紀さんに言うと、「冗談よ……」と笑いました。しかし、その表情はひきつっていました。

どうしても妻の言動が腑に落ちない健一さんは、こっそり鏡台の下の引出しにしまわれている健康保険関連の資料を見ました。そこには、妻が最近行ったと思われる産婦人科の名が記載された受診カードがありました。健一さんは、病院に連絡をとりました。

「高木といいます。妻がそちらでお世話になっています。それで、担当の先生に話を伺いたいのですが……」

電話の相手にそう言うと、しばらくして医師が電話に出ました。

「奥さんがどうかされましたか？」

「実は、妻が妊娠している子は私の子ではないと思うので、血液鑑定をしてもらえませんか？」

用件を伝えた後で、高木さんはびっしょり汗をかいていました。

「えっ……、胎児は先日、中絶しましたが……。あなたからの同意書ももらっていますよ」

医師の声も驚いた様子でしたが、話を聞かされた健一さんはもっとびっくりしました。

「そうですか。わかりました」

事情を聞きたがる医師の声を振り切って、健一さんは電話を切りました。

この日以来、健一さんの妻に対する態度が変わりました。しかし、その理由を妻にはどうしても言うことができませんでした。話せば離婚するしかない、と思ったからです。

●家を出た妻が離婚申立てを

健一さんは、人一倍家庭のために一生懸命働いてきたという気持ちがあります。それが、妻の裏切りにあったものですから、この先の希望がいっさい持てなくなってしまいました。節約のためにとやめていた酒も復活し、酔って帰ると、有紀さんに殴る蹴るの暴力も働きました。そうこうしているうちに、働く気もなくなり、不況の影響もあって、会社から勤務不良を理由に解雇されました。家では朝から酒びたりです。

そのうち妻の有紀さんは、そんな生活に耐えかねて家を出て行きました。有紀さんの父母はすでに他界していたので、戻る家もなく、友人のアパートに転がり込んだということでした。可哀相なのは息子の直樹君です。健一さんの母親に預けっ放しのままだったのです。不びんに思った健一さんは、自分がしっかりしなければと思い、再び働き始めました。

そして、有紀さんが出て行ってから一か月後、いきなり、健一さんに家庭裁判所から呼出しが来ました。妻の有紀さんから離婚の調停申立てがなされたのです。

「いつでも離婚に応じてやるのに、裁判所に調停の申立てなんかして、とんでもない女だ」

健一さんは怒りにうち震えました。

調停の日、健一さんは家庭裁判所に行こうか行くまいかと、時間ギリギリまで迷っていましたが、早く決着をつけたいと思い、意を決して行くことにしました。

家庭裁判所では、まず、奥さんから離婚の申立てがなされていることが正式に伝えられ、どう思うかを調停委員から聞かれました。有紀さんの離婚の申立ての理由欄に、夫が暴力を振るうからと記載されていたからです。「悪いのはそっちじゃないか」健一さんは内心そう思いましたが、今さらどうでもよいことでした。

「離婚してもいいです」

健一さんは、すぐに答えました。そして、これでもう悩まなくてすむと、安堵しました。これですべてが終わったと思い、帰ろうとすると、調停委員に呼び止められたのです。

「待ってください。まだ、決めなければならないことがあります。実は、子どもの親権者が決まらないと、離婚はできないんですよ。それに、財産分与や慰謝料についても、奥さんの意向があるようですよ」

「子どもは私が育てます。慰謝料なんて払えませんよ」

高木さんは、腹立たしいばかりです。

「お気持ちは分かりますが、奥さんは子どもは自分が引き取って育てたいと言っておられます。それに、今住んでおられるマンションは共稼ぎで買ったそうですね。財産分与も必要でしょう」

高木さんの怒りは頂点に達していました。

「まあ、今日はこれくらいにして、次回の調停までに、少し考えをまとめておいてください」

第一回目の調停は、有紀さんに会うこともなく、妻の一方的な要求を突きつけられて終わったのです。

●子どもだけは渡したくない

健一さんが家に帰ると、母が来て直樹君の面倒をみていました。その母に裁判所の様子を話しました。

「直樹だけは絶対に渡さないわよ。うちの大事な跡取り息子ですからね。私が育てます」

血相をかえて、健一さんの母が言いました。健一さんも冷静に考えてみましたが、やはり、直樹は高木家の跡取りとして自分が引き取るほうがよいと思いました。

第二回目の調停でも、健一さんは妻の有紀さんに会うことはありませんでした。どうやら、裁判所は自分と妻が会えば、暴力を働くのではないかと警戒しているようでした。それだけ、有紀さんの言い分を裁判所は鵜呑みにして、健一さんのことを暴力的な夫とだけみているようでした。控え室も別々で、会うことがないように配慮されていました。

「まず、財産分与ですが、奥さんは五〇〇万円を要求しておられます。根拠は、自分が働いて住宅の購入費に回った分がそれぐらいだということですが……。慰謝料は二〇〇万円ということです。」

調停委員の一人が、切り出しました。

「一方的に出て行ったのは妻です。なのに、なぜ、七〇〇万円も出さなければならないのですか?」

高木さんは理不尽な要求だと思った。

「出て行くには、出て行くなりの原因があなたにあったんでしょう。それに、あなたが言っているのは慰謝料の二〇〇万円の問題で、財産分与の問題とは別です。財産分与はどちらがいいとか悪いとかの問題ではなく、離婚に伴う今まで二人で築いてきた財産の分割です」

「裁判所がそう判断されるなら、それでいいです」

短気になった健一さんは、財産分与の五〇〇万円と慰謝料の二〇〇万円も了解しました。本当は、お金のことなどどうでもよかったのです。

「では、次に、お子さんの問題ですが、あなたも奥さんも子どもは引き取りたいと言っておられる。私たち調停委員は、お子さんはまだ二歳だし、奥さんが親権者になるのが一番よいと思います」

「……補足しますと、親権とは……」そう言って、調停委員は『親権』について長々と話しはじめました。

調停委員の説明を要約すると、親権の中身には、『身上監護権』と『財産管理権』があるという。『身上監護権』は、子の身の回りの世話をしたり、しつけや教育をすることであり、『財産管理権』とは、子が財産を持っているとき、あるいは法律行為をする必要があるときに、法定代理人として子に代わって契約したり財産を管理したりすることができるというものでした。

「子育ては私の母がすると言っています。息子は高木家の大事な跡取り、これだけは絶対に譲れません」

健一さんは、母との約束もあり、この親権だけは譲れないと思った。

「そうですか、今日はこれまでにしましょう。次回までに、親権者のことは考えておいてください」

裁判所を出ると健一さんは、なんとかしなければと思いました。確かに、幼児は母親が育てるのが一番いいかもしれません。しかし、妻の有紀のような、素行の悪い女に育てられたら、どんな大人になるかと心配でした。多分、有紀は自分のことをすぐに暴力を振るう男だと調停委員に言っているのだろう、と健一さんは想像しました。

三回目の調停は冒頭から大荒れでした。今まで、健一さんと有紀さんは別々に意見を聞かれていたのですが、今回は同席で議論ということになったからです。

「息子は僕とお母さんで育てる」

高木さんは、有紀さんに面と向かって言いました。

「私の子です。実の母親の私が育てた方が幸せに決まっています。会社には託児所もありますから……」

有紀さんも黙っていません。冒頭からこうした激しいやり取りに終始しました。

「どうでしょう。親権者にはお父さんがなって、監護権者にはお母さんがなるということでは……」

調停委員が仲裁に入りました。

「それは認められません。だって、それは直樹は妻と一緒に生活するということですよね。こんな浮気女に大事な息子は渡せませんよ」

健一さんはすっかり興奮していました。

「奥さんが浮気をされたんですか？」

意外そうな目で、調停委員は有紀さんの方を見ました。

「そんなことはしていません」

有紀さんは認めようとしませんでした。

「僕は知っているんだ。僕が承諾したことにして、浮気でできた子どもを中絶したろう」

健一さんは、絶対に言いたくないことでした。それは、自分にとっても不名誉なことだったからです。

しかし、追い詰められて、言わざるを得なかったのです。

「奥さん、本当ですか？」

調停委員がすかさず聞きました。妻は黙ったまま下を向いていたのですが、小さく頷きました。

こうして、直樹君の親権者は健一さんということになり、健一さんと有紀さんの戦いは終わったのです。

●解説／親権者の決定には子どもの利益が優先される

離婚して子どもの**親権者**（注）にどちらかがなるかは、極めて重要な問題です。本文にもあったとおり、親権者は子の利益・福祉という観点から選ばれます。具体的には、①父母の身心状況（病弱・情緒不安定は不適）、②子を監護できる時間があるか否か、③父母双方が職業を持っている場合、監護補助者となる人がいるか否か、④子の年齢（乳幼児は母親がベター）、⑤父母の経済事情、などを総合的に判断して決定されます。しかし、子にとっては片親を無くすという不幸な選択であることに変わりありません。

こうした、大人の選択が必ずしもベターとは限りません。法もこうしたことに配慮し、親権者や監護者の指定にあたっては、一五歳以上の子どもについては、その子に陳述《ちんじゅつ》（意見を述べる）の機会を与えなければならないとしています。

また、親権者のやっていることが、その後の客観的状況から見て、親権者としてふさわしくない場合があります。そうした場合には、子の親族の請求によって**親権者変更の申立て**をすることもできます。

この話のポイント

・すれ違い夫婦は離婚が多い。
・浮気の立証はなかなか難しい。
・男の優しさは仇にもなる。

注▼父母のどちらが親権者になっているか

司法統計年報家事編によれば、令和二年に全国の家庭裁判所が扱った調停・審判事件（総数一万八〇三五件）のうちで、子の親権者を母親とするものが一万六九〇八件、父親が一六三五件、定めなしが六八件となっています（夫婦に複数の子供がいる場合もあるので、親権者を定めた子供の数は総数より多い）。

これを率に直せば、実に九〇・八パーセントが母親が親権者になっています。これは母親が別居時に子供の看護・養育をしている場合が多く、調停・審判でも、とくに問題がなければ、母親が親権者となっているようです。

離婚話14●養育費の決定は慎重に……

男として養育費はケチらずに払いたい。が、しかし……

夫38歳・公務員　妻38歳・商社勤務
子供1人(小学6年生)
結婚13年　自宅マンション

●再婚のための離婚の交渉

宇野正一さんと良子さんは、共稼ぎの夫婦です。お互いに、私生活には干渉しないということが、結婚の際の約束でした。従業員五〇人程度の小さな商社に勤める妻の良子さんの仕事ぶりは、公務員の正一さんよりもハードでした。

宇野さん夫婦には、小学六年生の一人息子の勇弥君がいますが、ほとんど妻は面倒をみず、朝御飯から夜の風呂・就寝の世話まで、夫の正一さんが面倒をみてきました。そんな状況に少々の不満はありましたが、正一さんは子どもと遊ぶのは大好きで、妻を怒るなどということはしませんでした。また、キャリア指向の良子さんは、仕事上の接待でつい午前様になることも度々ありましたが、正一さんは妻には妻の人生があると考えて、遅くなったことを責めることもありませんでした。

とくにここ数か月は、課長に抜擢されたために良子さんは仕事が忙しいらしく、帰りも午前様がしばしばで、たまに正一さんがセックスを求めても、疲れたからといって応じてくれませんでした。なにか見切りをつけられているような寂しさを正一さんは感じていました。

そんなある日、正一さんは役所の忘年会でしたたかに酔い、部下の信子さんをホテルに誘ったのです。冗談半分で誘ったつもりでしたが、信子さんも酔っていたとみえて応じたのです。信子さんは妻の良子さんと違い、どちらかというと従順な控え目な人でした。ホテルで一夜を過ごした二人はその後も不倫を重ね、いつしか正一さんの心は信子さんの優しさの虜になりました。そして、正一さんは、良子さんと別れて信子さんと結婚したいと真剣に思うようになったのです。

「離婚をしてくれないか……」

ある日、正一さんは妻の良子さんに思い切って言いました。

「いいわよ。私もあなたにはうんざりしていたのよ」

勝気な良子さんは、離婚のことを切り出されたことさえ不愉快と言わんばかりに、吐き捨てるような言い方で離婚に同意したのです。

その後、離婚の条件について話合いが持たれました。宇野さん夫婦は共稼ぎです。財布は別々というのが宇野夫婦のやり方ですので、当然、妻の良子さんにもそれなりの貯蓄があります。話し合った結果、財産分与と慰謝料については、夫の正一さんが合計で二〇〇万円支払うということで合意しました。

●高額な養育費の請求

残るは子どもの問題です。まず、誰が引き取るかが問題になりました。正一さんは、自分が引き取るのがいちばんいいと思いましたが、妻が引き取ると言えばそれでもいいと思っていました。離婚を要求した立場では、強く出れないのです。良子さんは、しばらく考えていました。

「私が引き取るわ。それで養育費なんだけど、勇弥が大学を出るまで毎月二〇万円出してもらえないかしら……」

「二〇万……。僕の手取りの収入は三〇万円ぐらいしかないんだよ。君の方が収入が僕より多いだろう」

情けなかったのですが、毎月二〇万円は、正一さんには到底払える金額ではありませんでした。

「勇弥は私立の中学に上げたいし、面倒をみてくれる家庭教師や家政婦さんも雇いたいから……。離婚した家庭の子どもって可哀相でしょう。せめて、一流の教育をしてあげたいのよ。あなたはいいわよ。信子さんという将来の伴侶もいらっしゃるんでしょう」

良子さんの言い方には、明らかに刺がありました。

「だったら、勇弥は僕が引き取るよ」

本当は、息子の勇弥を育てるのは、いままでの経緯からして自分の方がふさわしいと正一さんは考えていました。

「そんなこと言ったら離婚なんてしてやらないから。あなたに離婚の原因はあるんですからね。私が嫌だと言えば離婚できないのよ。それに私は、あなたの浮気相手の信子さんにだって慰謝料を請求できるのよ」

すっかり正一さんを馬鹿にしきったような良子さんの言い方です。正一さんは、このまま話を続けても泥試合になるばかりだと思いました。そこで、この場は二、三日考えてみるということで話を終えました。

翌日、宇野さんはひそかに養育費の相場がどうなっているかを本で調べました。すると月四〜五万円程度というのが最も多い数字でした。しかし、法律により養育費はいくらと決まっているわけではなく、話合いで決まればその額が、決まらなければ裁判所が決めるということでした。

つぎに正一さんは再婚するつもりの信子さんに相談しました。二人でなら何とか養育費の二〇万円を払えると考えたからです。

「私の収入が手取りで約二五万円あるから大丈夫よ」

正一さんは、この言葉を信じて養育費二〇万円という妻の良子さんの申出を了解しました。こうして子どもの問題についての話合いも成立し、良子さんと離婚した正一さんは、信子さんと再婚したのです。

●養育費が支払えない

再婚後の正一さんの生活は楽しいものでした。ところが、再婚後一年程して、正一さんと信子さんの間に子どもが生まれたのです。信子さんはあまり丈夫な体ではありませんでしたので産後の経過が悪く、一か月の入院の後に家に帰ったのですが床に伏せることがしばしばでした。加えて、生まれた子も病弱でよく熱を出しました。信子さんはそれでも育児と仕事を両立させるために頑張りましたが、体の具合は悪くなる一方で、出産から一年で退職を余儀なくされたのです。

家計は信子さんの収入がなくなり、正一さんは先妻との子である勇弥君の養育費の仕送りで頭を悩ますことになったのです。当初はなんとか、信子さんの退職金を養育費に当てていたのですが、貯金はみるみるなくなっていきました。そして、二年後には、支払いができない状態となり、とても大学を出るまで毎月二〇万円という仕送りの条件を満たすことなどできなくなっていたのです。

正一さんは、体を壊したことを申し訳ないと詫びる信子さんを見て、何とかしなければならないと本気で思いました。銀行から金を借り、クレジットカードでキャッシングもしました。しかし、その半年後には、養育費の支払いどころではなくなり、今度は借金の返済が困難になったのです。このままでは、破産してしまう、そう思った正一さんは、なにかよい方法はないかと思案にくれました。

ある日、悩んでいるだけでは何もはじまらない、そう考えた正一さんは思い切って、弁護士会の法律相談センターを訪ねました。

「二〇万円の養育費ですか……。結構、高額ですね。昔の奥さんに事情を話して減額してもらったらどうでしょうか？　それで駄目なら、養育費変更の調停の申立てという方法がありますよ」

そう言うと、担当の弁護士は養育費変更の調停の申立ての方法や必要書類の書き方を教えてくれました。

その後、正一さんは良子さんに養育費を減額してくれないかと、話合いを申し入れたのですが、良子さんに拒絶されました。そこで、正一さんは養育費の減額変更を求める調停を起こしました。

調停の席では、良子さんは、「勝手に離婚を言いだし、約束した養育費が払えなくなったから減額してくれとは、あまりにも虫がいい話ではないか」と主張しました。

これに対して、正一さんは、「約束した当時は払えると思っていたが、妻が病気で払えなくなったのだ」と反論しました。さらに「このままいけば、借金も増え続け、自己破産か自殺をするしかない」とまで言いました。

そうしたやり取りが数回あり、さすがに良子さんも気の毒に思ったのか、裁判所の仲介もあって、養育費は月五万円ということで、調停が成立しました。月五万円といっても、今現在の月給の手取りが二八万円程度の正一さんにとっては結構な痛い出費です。それに、養育費支払いのための借金の返済もまだ残っていたのです。

正一さんはこの際、一気にこうした借金を返済できないものかと考えました。このままだと借金の体質がいつまでも残ってしまうと考えたからです。そして、正一さんは自宅を売って、借金を完済するとともに、養育費も一括で渡し、賃貸のアパートに引っ越すことにしました。

●解説／相手の要求に振り回されるな

離婚の際に子どもの問題で決めておかなければならないことの一つに**養育費**(注1)の問題があります。これは、話し合い（協議）で決まればその額でよいのですが、決まらない場合には、家庭裁判所の調停あるいは審判で決めてもらうしかありません。

司法統計（令和二年版）によりますと、調停の場合の養育費の支払い額は、子どもが一人の場合で、二万円～四万円が最も多く、ついで四万円～六万円となっています。また、子ども二人の場合にも、二万円～四万円が最も多く、二番目が四万円～六万円となっています（次頁表参照）。このように、子どもの数に応じて、掛け算で養育費が増えていくわけではありません。

養育費を算出する考え方には、四つの方式があります。

まず、**実費方式**というのがあります。これは夫と妻の双方の実際の収入を考えて、適宜に養育費の分担額を決定する方法です。分かりやすく言えば、これまでのいくらの収入がありどれくらいの生活費でやってきたか、子どもの費用はどれくらいかかっ

注1▼扶養料と養育費

離婚ではしばしば子どもの養育費が問題になりますが、この問題の性格はいったいどういうものでしょうか。

離婚にかぎらず子どもには、両親に対して扶養料の請求権があります。離婚で親権者が決まると、親権者でない親は親権者（あるいは監護権者）に対して養育費を支払わなければなりません。この養育費は親権者に渡され子を養育する費用（子にとっては扶養料）となります。したがって、法律的に言えば、養育費は、扶養義務者間の扶養料の

母を監護者と定めた場合の養育費の支払い（月額）
（家庭裁判所 調停・審判）

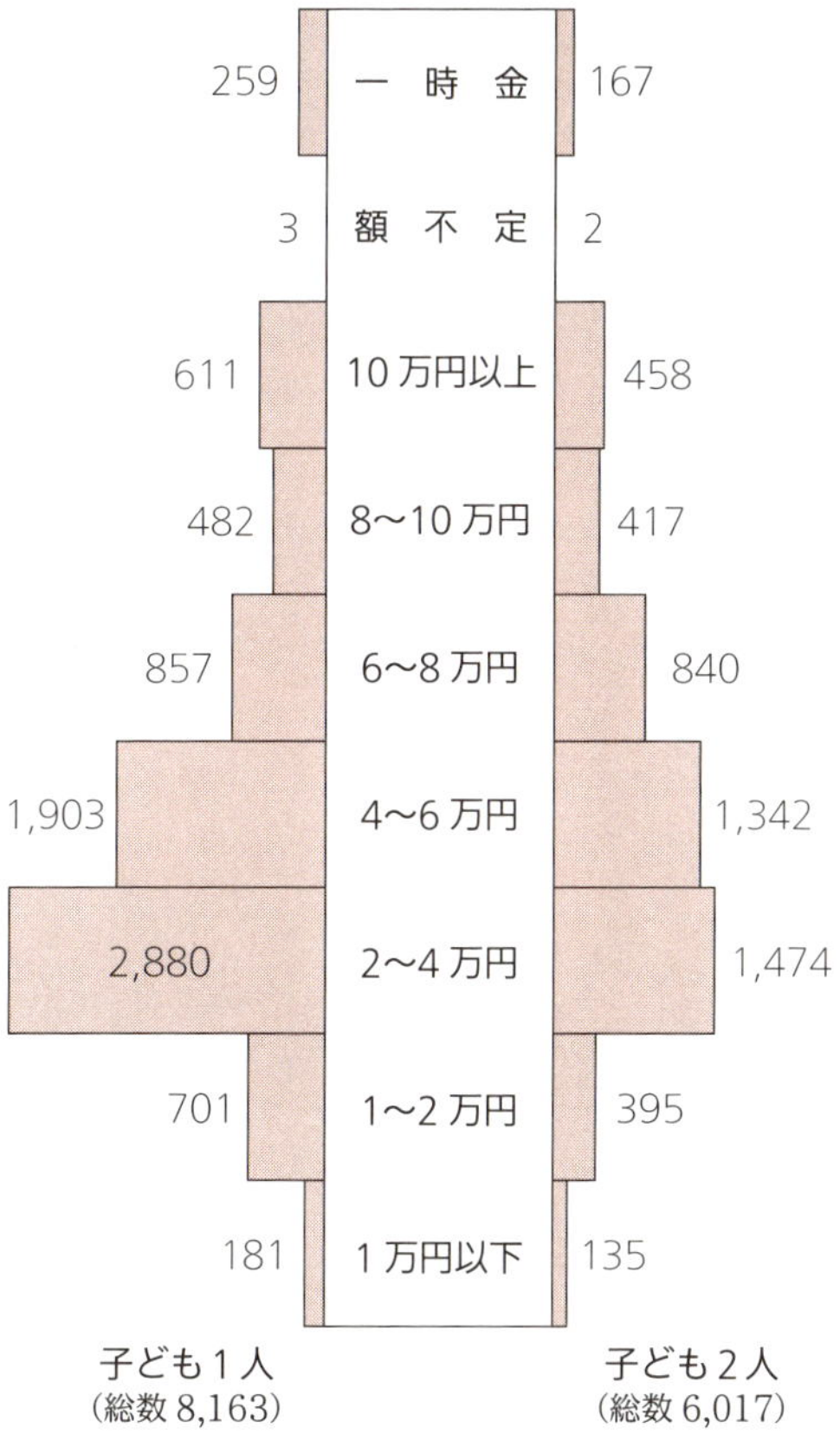

注）1〜2万円とは1万円超2万円以下を意味します。
（令和2年・司法統計年報）

ているか、これからはどうなるか、といった大雑把な数字を出して、それから分担額を決めていこうというものです。

つぎに、**生活保護基準方式**と呼ばれるものがあり、これは生活保護法に基づいて厚生労働大臣が定める保護基準を判断の尺度にするというものです。しかし、この生活保護基準は、最低限の生活の需要を満たす額に過ぎず、普通に暮らしている世帯に当てはめると額が少ないという難点があります。

求償ということになります。

NOTE▼どんな費用が養育費として請求できるか

養育費と言われるものの項目を一般的に言えば、「未成熟子」が自立するまでに要する全ての費用ということになります。

これをもう少し具体的に言いますと、①衣食住の費用、②教育費、③医療費、④適度の娯楽費などということになります。

そして、それぞれの項目の費用の程度は、親の生活水準と同等の生活水準を維持するために必要な費用であるが否かで判断されることになります。

三つ目に、労研方式というのがあります。これは、労働科学研究所が昭和二七年の独自の実態調査に基づいて、最低生活費の算定方法を考案したものです。既婚男子・既婚女性・未婚女子・学生（大学生・高校生・中学生・小学生など）に分類して、それぞれの総合消費単位を出して、最低生活費を計算し、養育費を算出します。

四つ目は、東京・大阪の裁判官の共同研究によって公表された養育費算定表です。子の人数（一人〜三人）と年齢（〇歳〜一四歳と一五歳から一九歳の二区分）に応じて表一から九までグラフがあり、父母の職業（給与所得者か自営業者か）・年収により養育費を導き出すことができます。現在、この算定表は東京および大阪の家庭裁判所等の参考資料として利用されています（２３７頁以下に一部を掲載しています）。

この表によると、夫がサラリーマンで年収が五五〇万円、離婚した妻の年収が二〇〇万円で、妻が二人の子（いずれも一四歳未満）を引き取り養育するケースでは、夫が月々に支払う養育費は六〜八万円となっています。なお、この養育費算定表は東京家庭裁判所等のインターネットのホームページで公表されています。

この話のポイント

- 養育費支出の義務は双方にある。離婚に際しては、無理な約束はしないこと。
- 養育費を毎月支払うという約束は、長年に及ぶ場合は事情が変われば変更できる場合もある。

NOTE▼養育費の支払いは子が何歳になるまでか

養育費の支払いは、一般には、子どもが社会人として自立するまでとされています。それまでは「未成熟子」と言われ、これは必ずしも、未成年者を意味するものではありません。成人に達しても、病気などで自立して生活する能力がない場合には、未だ「未成熟子」として扱われます。

よく問題になるのが、大学の進学の費用が養育費として請求できるか、ということです。裁判例は、大学教育を受けさせる資力がある父親への請求で争いになったケースで、「その子に大学進学の能力がある限り、大学教育を受けさせるのが普通家庭における世間一般の通例である」とし、養育費としての請求ができるとしています。

離婚話15●離婚後も子どもに会うために

面会交流権（子どもに会う権利）を確保する

夫30歳・不動産会社勤務　妻29歳・専業主婦
子ども1人（小学1年生）
結婚8年　自宅マンション

●離婚原因なき離婚の要求

ある日、会社から帰宅した田畑伸二は妻の英子さんから、「大事な話があります」と言われました。何事かと思い、食事もそこそこに妻の話を聞くことにしました。英子さんは少し、話そうかどうか迷っている様子でしたが、意を決したように話し出しました。

「離婚してください。ごめんなさい」

そう言うと英子さんは俯いてしまいました。

伸二さんは、あまりに突然の出来事にあっけにとられてしまいました。伸二さんと英子さんは、学生結婚で大恋愛の末に結ばれた夫婦だし、伸二さんにしてみれば結婚後も妻や家庭を大事にしてきたという思いがあったからです。しばらくして、少し冷静になった伸二さんは離婚したい理由を訊ねました。

「あなたを愛せなくなったんです。もうこれ以上、あなたと一緒に居られません」

覚悟したように英子さんはそう言うと、ふたたび俯いてしまいました。英子さんの拳はしっかりと握りしめられていて、離婚に対する強い決意を伺い知ることができました。

しかし、伸二さんにしてみれば、英子さんの言う離婚の理由は納得することができませんでした。一人娘の貴子ちゃんは、まだ小学校一年生になったばかりでした。〝離婚すれば子どもも傷つく。そんなことを妻が何の理由もなくするはずがない、なにか本当の理由があるはずだ〟伸二さんはそう考えました。

「しばらく時間を置いて、また話そう」

情けないのと怒りたくなる気持ちを押さえて、辛うじて伸二さんはそう言いました。

その後、英子さんの日常生活にこれといった変化はありませんでした。家庭内のことはいつものとおりきちんとやっているし、子どもとも、結構楽しそうに話しているのです。あれは妻が冗談で言ったのではないか、と錯覚するほどでした。

「離婚したいって冗談だろう」

ある時、伸二さんは英子さんに聞きました。

「本当に離婚したいんです。お願いします」

やはり英子さんは離婚したいと思っていたのです。そのときも伸二さんは離婚の理由についても聞いたのですが、英子さんの返答は前と同じでした。

困惑した伸二さんは、意を決して英子さんのお母さんに会うことにしました。お母さんなら何か知っていると思ったからです。自分に非があれば、謝ってもよいと考えていました。しかし、離婚の話を聞いたお母さんはびっくりした様子でした。

「そんなことを英子は言ったんですか。わがままな娘ですいませんね」

どうやらお母さんも、理由はおろか、英子さんが離婚したいと言っていることすら知らないようでした。

伸二さんは、一緒に居たくないという妻の言葉を思い出していました。そして、そう言えば、以前に同じようなことを言っていたことに気づきました。それは、伸二さんが英子さんにプロポーズしたときのことでした。

「今はあなたが好きなんです。だから一緒に居たいんです」——プロポーズを承諾した後で、結婚の理由を英子さんはこう言ったのです。

●子供の問題をどうするか？

伸二さんは、妻が離婚をしたいというなら、離婚をしてもいいと考えるようになりました。このまま離婚したいという妻と一緒に生活していても、結果的には、自分も妻も、そして子どもも不幸になっていくだけとしか思えなかったからです。

しかし、妻はいいとして、子どものことは考えなければなりませんでした。娘の貴子は、まだ小学一年生の七歳になったばかりなのです。伸二さんは、できれば、貴子は自分が引き取って育てたいと思っていました。

数日後、伸二さんは離婚のことで妻の英子さんと話し合いました。

「君がどうしても離婚したいというなら、離婚に応じることにするよ」

伸二さんは、離婚することを決心していたのです。

「有り難う。迷惑かけてしまって……」

英子さんにこう言われては、伸二さんは怒ることさえできませんでした。

「それで、心配なのは貴子のことだ。どうだろう、僕が育てたいんだが……」

せめて娘とだけは一緒に暮らしていきたいという気持ちでした。

「貴子は私に育てさせてください。貴子は女の子です。女の子はいろいろあるので、母親が育てるのが一番です。家庭裁判所でもそれらしいことを言っていました」

「家庭裁判所に相談に行ったのか？」

「えぇ、裁判所だとどう判断するのかと思って。でも、手続きが中心で、詳しくは教えてくれませんでした」

すっかり二人は気まずい雰囲気となり、話は中断してしまいました。

●弁護士会の法律相談センターを訪れる

伸二さんは、数日後、弁護士会の法律相談所を訪れました。こんなことで相談に行くことには抵抗がありましたが、なんとか娘と暮らすことは確保したかったのです。

「離婚は仕方がないとして、娘だけは渡したくないのですが……」

伸二さんは事情を話した後で、そう言いました。

「家庭裁判所は、子の養育の問題は子どもにとってどうしたほうが一番よいかという観点から考えます。話を伺っていると、私には、奥さんが育てたほうが娘さんにとってはよいと思いますが……」

三〇代半ばと思われる女性弁護士は、はっきりと言いました。伸二さんは、これでは踏んだり蹴ったりだと思いました。大事なものが自分の手の中からこぼれ落ちていくようで居たたまれなかったのです。

「どうでしょう。しばらくは正式な離婚はせずに、別居ということにしては……」

弁護士が提案しました。

「別居ですか？」

「離婚についても、子どもの問題についても、冷静になって考えることができますよ」

伸二さんはそういう方法もあるのかと思いましたが、結局は娘の貴子は英子が育てることになるだろうと考えると、釈然としませんでした。どうも、こと子育ての問題については、男にとっては不利なようでした。

その後、弁護士は離婚した場合の親権者・監護権者について説明をしました。

「私が娘と一緒に暮らせる何かよい方法はありませんか？」

「それは難しいでしょうが、別居でも離婚でもそうですが、面会交流権というのがあって娘さんに会うことはできますよ」

このとき、伸二さんは面会交流権という言葉を初めて知りました。弁護士の話によると面会交流権とは、たとえば毎週日曜日の午後二時から六時まで子どもに会うと決めて、その時間を一緒に過ごすというものでした。

伸二さんの希望とは程遠いものでしたが、最悪の場合でもそういう方法があると思うと救われた気持ちでした。そして、弁護士が言ったように、娘の貴子にとって、どういう選択をすれば一番よいのかを考えてみようと思いました。

数日後、伸二さんは一つの結論を出しました。そして、妻の英子さんに提案しました。

「貴子が中学を卒業するまで別居ということにしてくれないか。君は貴子をつれて実家に帰ってもいいよ。

生活費は毎月送る。ただし、日曜日の午後は、僕が貴子に会いにいくから、一緒に過ごさせてくれ」

「いいわよ。私はあなたとは別の人生を歩きたいだけなのですから……」

英子さんの返事ははっきりしていました。話はあっけないほど簡単に終わりました。こうして、伸二さんと英子さんは別居することになりました。そして、別居から二年後に伸二さんが再婚することになったことから、二人は正式に離婚しました。その後も伸二さんは娘の貴子さんとは週に一回会っています。

伸二さんは娘の貴子さんに会うといつも思うのです。

「好きで一緒に居たいから結婚する。居たくないから離婚する」

英子さんが言ったとおり、本当の結婚生活とは、そういうものではないかと……。

●解説／別居から生じるいくつかの問題

別居となれば、すぐに離婚の前兆と考える人もいるようです。確かに離婚につながるケースも多いのですが、離婚を踏みとどまるケースも多くあります。このように、別居は離婚について冷静に考えるために有効な期間ということもできます。

ただし、別居の場合、いくつかの問題があります。

まず、本例のように実家に妻が子どもと共に帰る場合、妻の生活費や子の養育費をどうするかということです。通常、離婚をしていないのですから、生活費（婚姻費用[注]）は夫に請求することができます。

また、別項でも触れますが、健康保険の問題があります。住所に変更がある場合、

注▼別居中の婚姻費用

婚姻費用とは、夫婦の共同生活において通常の生活を維持するための一切の費用を言います。衣食住の費用、医療費、子どもの教育費、適度の娯楽費などがこれに当たります。

夫婦が離婚の前段階として別居した場合の生活費もこれに該当します。したがって、原則として別居中も婚姻費用の請求

健康保険証の手続きをして、再発行してもらわなければなりません。また、学校も変わることになりますから、妻と子の住民票を移すことも必要になります。

さて、子との面会交流権《めんかいこうりゅうけん》については民法七六六条一項に規定があり、「父又は母と子との面会及びその他の交流、子の監護に要する費用の分担その他の子の監護に必要な事項は、その（父母の離婚に関する）協議で定める」としています。協議できないときは家庭裁判所が定めることになります。これは本例のような別居状態でも家庭裁判所に申立てれば認めてもらえます。日本の裁判所の場合、だいたい月に一、二回、四時間程度、日時・場所を指定して許可されます。ただし、子の成長にとって悪影響と判断された場合には、面会交流権は認められません。あくまで、子どもの利益、子どもの福祉のためだからです。面会交流の回数は月一回以上が最も多くなっています。テレビドラマなどで、離婚した中年の男が日曜日に遊園地などで自分の子に会って、楽しそうにしているシーンを見ることがあります。

そうした光景も日常化してくるでしょう。

この話のポイント

- 離婚しても親は親。
- 養育しない側の親には面会交流権がある。
- 面会交流権で話し合いがつかなければ、家庭裁判所に申立てる。

ができるということになります。

しかし、近時の判例の傾向は、夫婦の資産・収入、夫婦が別居に至った経緯や破綻の程度を総合的に勘案して、その生活費を算定するというものになってきています。

したがって一方的に別居をし、帰って来るようにとの説得にも応じなかったような場合には、婚姻費用の分担の請求はできないとされることもあります（判例）。

お父さんのための離婚のコラム●6

離婚後の生活が苦しいときの手だては

●行政による各種の生活支援制度がある

①児童手当（離婚などに関係なく給付、前年の所得が限度額未満）
・三歳未満…一万五〇〇〇円
・三歳以上小学校終了前まで…一万円（第三子以降は一万五〇〇〇円）
・中学生…一万円
特別給付（前年度の所得が所得限度額以上）…子供の年齢に関係なく一人につき五〇〇〇円

②児童扶養手当
この手当は、母（または父）子家庭（子供が一八歳に達する日以後の最初の三月三一日まで）に支給されるもので、年収が一定以下の場合です。

〔支給額（令和二年四月～）〕
・子供が一人…全部支給四万三一六〇円
一部支給一万一六〇円～四万三一五〇円
・二人目の子供…全部支給一万一九〇円
一部支給五一〇〇円～一万一八〇円
・三人目の子供から…全部支給六一一〇円
一部支給三〇六〇円～六一〇〇円

詳細については、市区町村役場の公式サイトや広報で確認するか、窓口でお尋ねください。

③児童育成手当（東京都練馬区の制度の場合）
この手当は、母子家庭または父子家庭にも支給されます。ただし、年収制限があります。こうした制度の有無も含めて役所に相談してください。

〔支給額（令和二年四月～）〕
・育成手当…児童一人につき月額一万三五〇〇円
・障害手当…児童一人につき月額一万五五〇〇円
※この他、父母がいる家庭に支給される子供手当、児童手当もあります。詳細は市区町村役場の広報、公式サイトで確認するか、窓口でお尋ねください。

④生活保護
病気や失業などで生活に困っている人で、かつ資産もなく、親族が助け合っても最低生活も営めないといった場合に、その人の収入と厚生労働大臣が定める保護基準で算定した最低生活費との差額を支給するものです。詳細は、最寄りの福祉事務所の窓口で相談してください。

⑤母子及び父子福祉資金の貸付（東京都の場合）
母子家庭を対象とした貸付の制度があります。これは、事業開始資金、修学資金、住宅資金、生活資金、その他・就学支度金・就職支度金などがあります。詳細については、福祉事務所の窓口でお尋ねください。

病気で終わる婚姻生活だってある

離婚話16●認知症の妻から、ある日突然、離婚してくれと言われたが…

夫66歳・年金生活　妻64歳・専業主婦
子ども1人（女1人・嫁いで主婦・35歳）
結婚40年

●突然の『離婚宣言』

髙城真一さんは、銀行を二年前に退職して、今は年金生活者です。奥さんの華子さんとは職場結婚で、多少のいさかいはあっても、まずは順風満帆な夫婦生活を送っていました。

ところが、最近、華子さんの真一さんに対する接し方がどこかよそよそしいのです。まるで他人を見るような冷たい目つきをしたり、あれだけ話し好きで真一さんにうるさく話しかけていた華子さんが、話しかけることもなくなったのです。もともと、真一さんが口数が少ない質なので、夫婦間の会話はほとんどなくなりました。

そんなある日、夕食を終え、通常は華子さんが食卓の後片付けをするはずなのに、一向に立ち上がろうとしません。

「どうかしたのか？」

なんとなく心配になって真一さんが、珍しく聞きました。

「こんな生活、もういや！　離婚してください」

華子さんはそう言うと、泣き出して、後片づけもせずに自室にこもってしまいました。

●離婚なんてできるか！

突然の離婚の申し出に、真一さんは唖然としました。頭の中は真っ白になり、パニック状態でした。

『こんな歳になって、何が、離婚だ！』しばらく呆然とした後、怒りが込み上げてきました。

しかし、冷静になると反省点がないわけではありません。

真一さんは、今まで亭主関白でした。口数は少ないのですが、気にくわないことがあると手こそあげませんでしたが、声をあらわに怒鳴りました。

『そんなに嫌いなのか？　俺は俺なりに華子のことを愛していたつもりだが…』

困った真一さんは、近くに住んでいる娘の早紀さんに電話をしました。

「母さんが変なんだ。すぐに来てくれ…」

それから約一時間後には、早紀さんが駆けつけて来ました。

「言いたいことだけ言って、勝手に電話を切らないでよね。それで、用件は何…」

早紀は母親譲りのおしゃべり好きで、父親譲りの口の悪さです。

「お母さんが、離婚してくれって言うんだ…」

早紀さんは、元気がない父の様子を見て、事の深刻さに気づきました。

「離婚宣告ね。…父さんが悪いのよ。短気だし、口は悪いし、独断だし…」

「ああ、分かってるよ。とにかく、何が不満で離婚したいのか聞いてくれ」

真一さんは、疲れて、今にも倒れそうでした。

●離婚したい理由は、浮気…

早紀さんが母の華子さんから聞いた話によると、離婚したいのは夫の真一さんが横暴であるという理由でなく、『浮気している』というものでした。その真否を確かめるために、早紀さんは父の真一さんに返答を求めました。

「断じて、そんなことはない。それは、妻の妄想だ」

真一さんには、浮気などありませんでした。

「じゃあ、母さんが嘘をついているというの…」

早紀さんは食い下がりました。というのは、『浮気している』と言った華子さんの形相からすると、とても嘘をついているとは思えなかったからです。

「あいつ、最近は妙によそよそしいんだ。友達の話をしても、そんな人知らないって言うんだ」

『そう言えば…』、と早紀さんは思い出すことがありました。さっき母の部屋に入ったとき、その乱雑な部屋に驚いたのです。几帳面な母が、部屋を汚くしているのはおかしい、と思ったのでした。

「お父さん。他になんか変に思ったことはなかった。例えば、よく忘れ物をするとか…」

「今日は何曜日だとか、買い物に行って買い忘れてきたとか、お隣さんの名字はなんだとか、聞いてきたが…。惚けてきたのかな…」

「そうよ。母さんは病気なのかもしれない。多分、認知症だと思う」

「認知症！　それで、どうして離婚なんだ…」

●アルツハイマーという名の認知症

翌日、真一さん、華子さん、早紀さんの三人は、華子さんの診察のために近くにある総合病院に行きました。

診察の結果はアルツハイマー型認知症で、それも結構進行しているということでした。

また、認知症では、時折、妄想を抱くことがあり、そのため華子さんは『夫に愛人がいる』と思っているようでした。

「お父さん。どうしよう。私は自分の子のことで精一杯だし、入院でもさせる…」

早紀さんには、子どもがいて、まだ二歳でした。

「お母さんの面倒は、僕が見るから心配しなくていいよ」

その日病院から帰ると、真一さんは華子さんに認知症であることを告げて、家庭のことは自分が一切を行うことを宣言しました。しかし、華子さんは、真一さんが家事の一切をやること、自分の面倒を見てくれることを快く思いませんでした。

「そんなことより、早く離婚して…」

まるで、それが最後の望みでもあるかのように華子さんは繰り返しました。

真一さんは、『これは、妻の妄想なんだ』と自分に言い聞かせ、怒りたい気持と惨めになっていく気持に堪えました。

●アルツハイマー型認知症と離婚

華子さんの病状は日を重ねるごとに少しずつ、確実に悪化していきました。そして、真一さんに対しては、顔を合わせると「離婚してよ」と言って、食ってかかるようになりました。

娘の早紀さんは、どんなに忙しくても一日に一度は看病に来ているのですが、すっかりやつれています。そんなある日、母の世話を終えた早紀さんが真一さんに言いました。

「お父さん。…お母さんの気がすむなら、離婚してくれない…」

「馬鹿な！　そんなことができるか…」真一さんは、珍しく怒鳴りました。

「ただの紙切れ一枚じゃない。それでお母さんの気持は楽になるのよ」

「だめだ！　そんなもんじゃない」

押し問答は続きました。しかし、真一さんの心は揺れていました。

「だったら、裁判をしてでも離婚をしてもらうわ」

早紀さんが、挑戦的に言いました。

「そんなことまでして、母さんが喜ぶと思うか…」

真一さんは、早紀さんがそこまで考えていることに驚きました。

「離婚したことにするって方法もあるわ。いずれ何もかもわからなくなるのよ…。いいでしょ…」

「しばらく考えさせてくれ」

真一さんは、後で後悔するような選択はしたくありませんでした。

●離婚すべきか否かに悩む

真一さんは離婚について考えました。

まず、離婚すると、現在とどう変わるかということです。離婚すると、夫婦でなくなるのですから、婚姻によって得たものはなくなることになります。すなわち、夫婦として同一戸籍だったものが別個戸籍となり、同居・協力・扶助の義務がなくなります。また、婚姻期間中に築いた財産は夫婦で分与しなければなりません。離婚すると、財産分けをして、どちらかが家を出るというのが通例のようですが、同一家屋に離婚した夫婦が住み続けても法律上はなんの問題もないようです。

次に、真一さんは、娘が言うように、争いになったらどうなるかについて考えてみました。通常、離婚の請求は、認知症を患っている人の他方配偶者（介護をする側）がする場合が多く、認知症の側が請求するのは筋違いのように思われました。つまり、自分が同意（協議離婚）をしなければ、離婚はできない、という結論に真一さんは達しました。

しかし、妻が『夫が浮気をした』と妄想し、怒りから自分を嫌悪し離婚を望んでいるとしたら、そして離婚することで少しでも認知症の改善があったり、怒りや嫌悪から逃れることができて平穏な生活ができるとしたら、離婚することもよいだろうと考えました。

ただし、真一さんは、最後に妻の華子さんの本当の気持を確かめなければと思いました。それは、認知症になったことが申し訳なくて、虚言を知らず知らずのうちに作っているのではと思ったからです。離婚することで病気になったことをわびているのです。そして、もし、無口で怒りっぽい自分が妻を苦しめていたとしたら、そのことを謝り、はっきりと『今も愛していると伝えなければ…』と思ったからです。

●解説1／認知症と離婚

高齢者の認知症などの病気が増えるにつれ、看病疲れなどによる離婚が増える傾向にあります。ただし、看病で疲れたからというのは法律で定める離婚原因ではありませんので、離婚原因である「婚姻を継続し難い重大な事由」に該当しなければなりません。

本例は、逆に、認知症の患者が離婚を請求するケースですが、離婚が認められるためには、相手配偶者に浮気などの離婚原因がなければなりません。協議離婚はこうした離婚原因がなくても、役所に離婚届を提出するだけで成立します。

一般的には、認知症などの病気で離婚を請求するのは、患者側ではなく看病をする側です。例えば、アルツハイマーなどの病気の場合、夫婦としての共同生活が果たせず、患者を介護している側が婚姻関係が破綻しているとして離婚の請求をすることがあるからです。

ただし、裁判所で離婚が認められる場合は、①強度の認知症の場合で、①妻に対して誠実に介護を行っており、②介護を必要とする配偶者の生活が成り立つように手当をする、ことが要件となります。

離婚したい理由としては、疲れたので介護から解放されたい、別の人と再婚する、などがあります。

NOTE▼認知高齢者数

認知高齢者で日常生活自立支援度Ⅱ以上の人の推計は以下のとおり。
平成22年…280万人
平成27年…345万人
令和2年…410万人
令和7年…470万人
(注) 自立支援度Ⅱとは、日常生活に支障を来すような症状・行動や意思疎通の困難さが多少見られても、誰かが注意すれば自立できる状態。

なお、熟年離婚については197頁以下参照。

注1▼調停

離婚や相続などの家庭内の紛争は、いきなり訴訟はできず、まず家庭裁判所の調停の手続きをとらなければなりません。このことを調停前置主義といいます。

●解説2／認知症と離婚の手続

認知症の配偶者との離婚では、通常、強度の認知症の患者には判断能力がありませんので、後見人を選任してもらい、この人を相手に離婚訴訟を提起することになりますが、通常、後見人は患者の配偶者がなっていますので利益相反行為となり、後見監督人等が訴訟の相手となります。調停(注1)は当事者同士の話合いはできませんので難しく、訴訟(注2)ということになります。

なお、本例のように、認知症患者からの離婚請求は、離婚する意思の確認および認知症患者が言う離婚原因（浮気など）があったかどうかの判断が難しく、ほとんど訴訟としてはありません。

この話のポイント

・軽度の認知症の場合、正常な判断ができるうちは協議離婚ができる。
・強度の認知症の場合、婚姻を継続しがたい理由ありとして、判決離婚が認められる場合がある。
・判決離婚の場合は、強度の認知症で、誠実に介護を行い、将来の生活に困らないようにするなどの離婚要件がある。

このような調停前置主義をとっているのは、離婚などの家庭内の紛争は訴訟によって白黒をつけるよりは、家庭裁判所での話し合いによって円満な解決をはかったほうが望ましいという理由に基づくものです。

注2▼訴訟と弁護士

離婚紛争も訴訟となれば、専門的な知識が必要となり、弁護士を依頼した方がベターです。

知人に弁護士がいない方は、まず、家族や友人・知人などから弁護士を紹介してもらうことです。それでも探せない場合には、各地の弁護士会で法律相談を行っていますので、そこで法律相談を受けて、弁護士を紹介してもらう方法があります。なお、弁護士と依頼人は、お互いの信頼関係が重要ですので、飛び込みではなかなか依頼を受け付けてもらえません。

離婚話17●相続争いを防ぐつもりが離婚争いに

だらしない結婚生活の〝清算離婚〟をする

夫52歳・不動産会社経営　妻45歳・主婦兼会社役員
子ども2人（長男、次男＝非嫡出子）
結婚23年

●妻も子も捨てた愛人との生活

桐生孝雄さんは、従業員五〇人の㈱桐生不動産の社長です。かつてのバブルの崩壊以降、決して会社の業績は良くないのですが、バブル時期にも不動産を自社で買って販売することなどをせず、仲介を中心に堅実な営業をしたために、不良債権を抱えこむこともなく、多くの同業者が倒産などの憂き目にあっているにもかかわらず、なんとか赤字を計上することなく過ごしてきました。

ところが、そんな孝雄さんがお腹の痛みを訴えて入院しました。胃潰瘍ということで手術をしたのですが、退院間際に担当医師から胃癌であると告知されたのです。その担当医師の話によると転移はなく、病巣は全部切り取ったので再発の可能性は少ないということでした。

しかし、退院した孝雄さんは、いつ癌が再発するか心配でした。それで、もしものことがあった場合のことも考えておかなければならないと思いはじめました。というのは、孝雄さんは奥さんの徳子さんと別居していて、ここ一五年は別の女性と生活しているからです。それに実の妻との間に生まれた二三歳の長(注1)男の隆司君と、今生活している女性との間に生まれた一三歳の英雄君がいるのです。このままでは、いずれ財産をめぐって争いが生まれるのは必定です。それに別居している徳子さんや隆司君には今はなんの愛着もなく、できれば会社は現在同居している英雄君に譲りたいのです。

自分の身の不始末なのでなかなか他人には相談できず、孝雄さんは一人で考えて〝妻とは離婚する〟という一つの結論を出しました。遺言を書いて、財産争いを防ぐということも考えなかったわけではないのですが、まだ、自分が元気なうちに妻とは離婚し、現在生活している女性を籍に入れようと決心したのです。

●妻の猛反対に会う

孝雄さんの妻の徳子さんは、よく同族会社にありがちな桐生不動産の取締役です。会社を始めた頃、徳子さんが事務所で客の応対や電話番号をし、孝雄さんが外回りの営業をするという二人三脚の時代があったのです。しかし、会社が順調にいくようになると、孝雄さんは仕事のできる徳子さんよりも、どこかおっとり型の従業員の幸枝さんに心がひかれたのです。そして、幸枝さんを口説き落としてしまったのです。当然、桐生さん夫婦の仲は悪くなり喧嘩が絶えませんでした。そこで、一三年前に幸枝さんに子どもができたのを機会に、孝雄さんは徳子さんと別居したのです。

徳子さんは、今も会社の経理担当の取締役であり、株も三割保有しています。会社の内情は社長の孝雄さんよりもよく把握していて、やり手の女性と言われています。また、息子の隆司君も桐生不動産の社員で営業を担当しており、徳子さんはゆくゆくは隆司君を社長にしたいと頑張っているのです。

こうした複雑な状況でしたが、孝雄さんはあまり物事を複雑に考えるタイプではありません。考えたら、すぐに行動に移さなければ気が済まないのです。そこで、すぐに、「離婚してくれ」と徳子さんに言いました。しかし、これがくすぶっていた火種に油を注いだのです。

「離婚なんかしませんよ。勝手なことばかりしておいて、そんなことがよく言えたもんですね」

徳子さんは血相を変えて言いました。

「だから頼んでるんじゃないか……。離婚の条件があったら言ってくれ」

妻の剣幕にもひるまず、孝雄さんは言い返しました。

「そんなものありません。このままでいいんです」

徳子さんは孝雄さんが癌であることを知っていました。というのは、病院の体質が古いのか、同居している女性がどんなに看病で頑張っていても、病状などの説明となると、医師は妻にしか話さないのです。

孝雄さんの思惑はものの見事に打ち砕かれました。妻の性格からして、何度話しても同じであろうと孝雄さんは悟りました。後は、弁護士に頼んで裁判をしてでも、離婚するという方法しか残されていません。

●法廷闘争の始まり

孝雄さんは、まず離婚の調停を申立てました。調停で話がまとまるとは思いませんでしたが、日本の法律制度では、いきなり離婚の訴訟を起こすことはできないのです。まず、離婚の調停を家庭裁判所に起こし、それでも離婚が成立しない場合に初めて離婚の訴訟を起こすことができるのです。

案の定、徳子さんは「絶対に離婚はしない」と言い、家庭裁判所では調停委員の仲介で三回話合いがもたれたのですが、調停不成立ということで終わりました。

後は訴訟で離婚の判決を得るしか方法がありません。依頼した弁護士の話では、「別居期間が一五年もあり、また子どもも成人しているので、離婚が認められる可能性が高い」ということでした。さらに続けて、弁護士は、「昭和六二年に最高裁判所が別居期間三六年で離婚を認める判決を出したのですが、今では、別居期間六年で離婚が認められたケースだってありますよ」と自信ありげに言いました。

裁判は長いものでした。というのは、裁判所での審理は月に一回程度、さらにその審理は一回約一時間程度だったからです。それに、徳子さん側からの反論が多く、審理は遅々として進みませんでした。第一審の家庭裁判所での審理がこういう状況ですから、たとえ離婚が認められる判決が第一審で出されたとしても、徳子さん側が控訴（第二審の高等裁判所）すればもっと長期になり、さらに最高裁判所に上告すれば、いつ果てるともない訴訟の渦中にいることになります。

それまで体が持つか？　孝雄さんは、病みあがりでもあり、また再発の心配もあり、不安をつのらせました。それに会社でも孤立していました。入院中に、会社のことは徳子さんと隆司君がすっかり仕切るようになってしまっていたからです。そんな中、孝雄さんは何とかがんばって出社していたのですが、ストレスがたまるために常に体調はよくありませんでした。

訴訟を起こして約六か月が経ちました。この頃になると、孝雄さんは「もうどうとでもなるようになれ」という気持ちでした。訴訟も弁護士に任せたままで、裁判所に行くこともありませんでした。

そんなある日、孝雄さんは、弁護士に「事務所へ来てください」と呼び出されました。弁護士事務所に行くと、弁護士がこう切り出したのです。

「裁判所で和解（注2）をしてくれないかというんですが……」

「和解ですか？」

「訴訟上の和解といって、判決で白黒つけるのではなく、裁判官が話をまとめて和解を勧告するというものです」

「じゃあ、調停と同じではありませんか？」

「まあ、同じようなものです。お互いに言い分がある場合、勝つか負けるかの判決よりいい場合があります」

「それで、どういうことになるのですか？」

「奥さんは離婚してもいいと言ったそうです。で、条件ですが、あなたの持っている桐生不動産の株の全部を財産分与として渡すというものです。他は一銭もいらないそうです。どうしますか？」

孝雄さんはしばらく考え込んでしまいました。

「判決となれば時間もかかります。それに、上訴となればもっと時間もかかるでしょう」

追い打ちをかけるように弁護士が言いました。

「いいでしょう。もともと、この訴訟は離婚することが目的ですから……」

孝雄さんは同意しましたが、いま同居している息子に桐生不動産を継がせようという願いはこれでなくなってしまったのです。

つぎの公判で和解は成立し、桐生さん夫婦は離婚をすることになりました。それは同時に、手塩にかけてきた桐生不動産を徳子さんと隆司君に渡して、桐生不動産を去るということでもありました。

しかし、事はそれだけでは済みませんでした。桐生さんが自分のものだと思っていた財産のほとんどが妻と息子の名義に移されていたのです。考えてみれば、会社の経理のことはほとんどが妻がやっていたし、家庭の蓄えがどういう形でなされていたのか、孝雄さんはなにひとつ把握していなかったのです。

妻から渡されたのは、孝雄さん名義の預金通帳三通だけで、合計約一〇〇〇万円程度の額でした。これからは、桐生不動産からの給料はありません。すぐにでも働かなければ貯金は一年程度でなくなってしまいます。しかし、いまさら他人の下で働く気はないし、また、この年齢では働き口もそう容易に見つかるとは思えません。

考えた挙げ句に、孝雄さんは一つの妙案を見つけました。それは、社長として長年勤めた桐生不動産に退職金の請求をするというものでした。社内規定によれば、約一億円の退職金がもらえるはずなのです。

こうして、孝雄さんは約一億円の金を手にして、その後、手慣れた不動産会社を再び設立しました。幸い今日まで癌の再発もありません。

●解説／より開かれる離婚へ

離婚に関する用語で『破綻主義』というのがあります。婚姻関係（結婚生活）がすでに破綻している場合、このまま形だけの結婚生活を送っていても意味がないので、婚姻生活が事実上破綻している場合には、離婚を認めよう、という考え方のことです。

本文で述べた昭和六二年に最高裁判所が出した判決以前は、一貫して離婚原因を作った有責配偶者からの離婚請求を認めなかったのです。この判例の要旨は、

『有責配偶者からなされた離婚請求であっても、夫婦の別居が、両当事者の年齢および同居期間との対比において、相当の長期間におよび、その間に未成熟の子が存在しない場合には、相手方配偶者が離婚により、精神的・社会的・経済的に極めて過酷

注１▼非嫡出子と準正
内縁関係などで生まれた子は、認知することにより非嫡出子となります。さらに、両親が結婚をすることになれば、この認知を受けていた子は嫡出子としての身分を取得することになります。これを準正と言います。
なお、嫡出子は非嫡出子より、民法上の規定では、相続（非嫡出子の相続分は嫡出子の二分の一）などで有利でした。

な状態に置かれる等、離婚請求を認容することが著しく社会正義に反するといえるような特段の事情が認められない限り、当該請求は、有責配偶者からの請求であるとの一事をもって許されないとすることはできない』というものでした。

判決の言い回しは難解ですが、要するに、①別居が長期間におよび、②未成熟の子がいなくて、③精神的・社会的・経済的に相手が過酷な状態におかれない場合には、有責配偶者からの離婚請求であっても、離婚が認められる場合もあるというものです。

なお、平成八年に『婚姻制度に関する民法改正案要綱』が法務省より出されました。これには、離婚原因の一つとして『夫婦が五年以上継続して婚姻の本旨に反する別居をしている時』というのが新たに設けられています。また一方では、離婚原因がある場合でも、『離婚が配偶者や子に著しい生活の困窮や耐えがたい苦痛をもたらす時、または離婚の請求が信義に反すると認められる時は、裁判所は離婚の請求を棄却できる』としています。

なお、これらの改正は現時点（令和三年九月末）では見送られています。

この話のポイント

- 諦めずにやれば必ず離婚はできる。
- 愛情がなければ、離婚はお金次第。
- 結婚生活でお金の管理を妻に任せきりの人は、自分の財産は一円もないと思え。

これは差別であるとの主張が強く、平成二五年九月四日、この規定を違憲とする最高裁の決定が出されました。その後、民法改正が行なわれ、嫡出子の相続分と非嫡出子の相続分は同じになりました。

注2▼裁判上の和解

訴訟は原告の被告に対する請求に、白黒の決着をつけるものです。

しかし、裁判所は訴状などの内容を検討して、お互いが譲歩して解決できる余地があると判断した場合には、和解の勧告をすることがあります。これを裁判上の和解（訴訟上の和解）と言います。

和解が成立すると、和解調書が作成され、役所に対しては、協議離婚の手続きをすることになります。

なお、和解の可能性が見い出せない場合には、判決手続きに戻ります。

お父さんのための離婚のコラム●7

離婚の際の約束を守らせるには……

●約束を履行させる事前対策

離婚時の約束には、財産分与、慰謝料、子の養育費など、金銭に関するものがあります。これは、一時金で全額一度に支払ってもらえばよいのですが、特に養育費は月々の分割払いとなっているのが実情です。こうしたケースでは、支払う側が、支払いをすることが嫌になったり、あるいはなんらかの事情で支払いができなくなった場合に、大変困ったことになります。こうしたことを防ぐためには、なんらかの手を打っておく必要があります。

●離婚時に打つ手——契約書は公正証書に

協議離婚で約束を守らせるには、しっかりした契約書を作成しておくことが重要です。こうした契約書がないと、後からそんな約束をした覚えがないと言われれば、その事実があったことを証明しなければなりません。とにかく離婚したい一心から、離婚届にハンコさえもらえばいいといったような態度は危険です。

こうした契約書は、公正証書にしておくのがいいでしょう。公正証書は当事者（代理人でもかまわない）が公証役場に行き契約内容を示して公証人に作成してもらうのですが、証拠力が強く、また証書の条項に執行認諾約款といって、「本契約に違反した場合には強制執行をされても異議を述べない」という文言があれば、訴訟をすることなく強制執行ができるというメリットがあります。

なお、財産分与や慰謝料、養育費は、相手に余裕があり、一時金として全額一度に支払ってもらえば、こうしたトラブルはさけることができます。

●相手が約束を守ってくれないとき

家庭裁判所は、調停や審判終了後も、その履行を確保する制度を設けています。これには、履行勧告と履行命令とがあります。

履行勧告とは、調停や審判で決まったことを履行しない者に対して、家庭裁判所が調査したうえで、義務を果たすよう勧告するものです。また、履行命令とは、勧告よりも一段と強いもので、相当の期間を定めて義務を履行するように命令するもので、命令に従わない場合、一〇万円以下の過料の制裁をうける場合があります。

なお、養育費などの定期給付金（毎月〇万円支払うなど）が未払いの場合、公正証書や調停調書など（債務名義）により強制執行ができますが、従来は確定している分の執行しかできなかったのですが、改正により将来の分も対象とされました。また、相手方が破産して免責されても支払わなければなりません。

離婚話18●事実婚夫婦の離婚

内縁の妻と離婚。連れ子の養育費を要求されたが

夫38歳・旅行会社勤務　妻35歳・専業主婦（ともに再婚）
子供3人（夫に小4、妻に小6の連れ子、夫婦間に1歳の子供）
結婚3年　持家あり

田所昌夫さんは、入籍しないまま結婚生活を続けていた吉田安子さんと別れることを決めました。離婚そのものには双方とも異存はないのですが、その条件をめぐって折り合いがつきません。

＊　＊　＊

旅行会社に勤める昌夫さんはバツイチで、小学校一年生の利也君と二人暮らしです。ツアーの添乗等、出張の多い彼は子供のためにも再婚を望んでいました。そんな事情を知る友人が、同じバツイチで小学校三年生の香菜さんと暮らす安子さんを紹介したのです。お互いの子供を交え、何度か食事などをした後、二人は再婚することにしました。昌夫さんも安子さんも、この相手となら平穏な暮らしができると思ったようです。もちろん、利也君と香菜さんが賛成したのは言うまでもありません。ただ、香菜さんは自分と母親の名字が変わることだけは反対で、そのため、二人は婚姻届を出さない事実婚を選んだのです。

●子供が「名字を変えたくない」と――

安子さん母娘が昌夫さんの持家に引っ越し、四人暮らしが始まったのは三年前です。しっかり者の安子さ

んが、専業主婦として家のことすべてを引き受けてくれたことで、昌夫さんは仕事に専念できるようになりました。一方の安子さんも昌夫さんから決まった生活費がもらえるため、これまでのようにパートの掛け持ちをしなくてもよくなったのです。また、香菜さんも利也君を本当の弟のように可愛がり、面倒を見てくれます。日がな一日笑顔の絶えないわが家に、昌夫さんは安子さんと再婚して良かったと、改めて幸せを噛みしめていたのです。しかし、その幸せも長くは続きませんでした。安子さんが昌夫さんの子供を妊娠し、男の子が生まれた頃から、少しずつ家族関係がギクシャクし始めたのです。

昌夫さん夫婦は婚姻届を出していないため、法律的には正式の夫婦ではありません。生まれてくる子供は安子さんの籍に入り、そのままでは田所の姓を名乗れません。香菜さんと同じ吉田姓のままです。安子さんと昌夫さんは、生まれてくる子供のことを考え、婚姻届を出すことを決意し、そのことを香菜さんにも話しました。一緒に暮らして二年余り。香菜さんも昌夫さんになついていますし、今ならきっとわかってくれるだろうと思ったからです。ところが、娘の猛烈な反対にあってしまったのです。

「ママのウソつき！　利也君のパパと住んでも、私もママも名字は変えないって言ったじゃない……」

生まれてくる子供に田所の姓を付けるには母親の自分が昌夫さんの姓を名乗るしかないこと、香菜さんは吉田姓のままでもいいし昌夫さんと養子縁組して田所姓を名乗ってもいいと懸命に説明したのですが、香菜さんは「絶対にイヤ！」と首を横に振るだけです。焦る安子さんを見て、昌夫さんは「香菜ちゃんも難しい年頃だし、下手に刺激しない方がいい。この子は僕らの子だから、婚姻届さえ出せば後からでも田所を名乗らせることはできる。名字の問題は、この子が小学校に上がるまでに解決すればいいんだから」と、少し時間をかけようと提案し、とりあえず生まれた子供の認知だけをしたのです。

安子さんは、昌夫さんの優しさに感謝し、ホッとした反面、彼に申し訳ないという思いで一杯でした。そのため、その後も、ことあるごとに香菜さんを説得したのです。しかし、香菜さんはますます反発し、その鬱憤が、利也君に向けられたのです。子供部屋の中だけでなく、学校の行き帰りでも、人目を盗んで香菜さんは利也君をイジメ始めました。最初は、無視したり、言葉でイジめるだけでしたが、やがて殴る蹴るの暴力まで振るうようになったのです。

そのことに気づいた安子さんは、驚きました。香菜さんをきつく怒ったことは言うまでもありません。しかし、その場は収まっても、またしばらくすると、利也君へのイジメが始まるのです。その繰り返しに困った安子さんですが、昌夫さんに相談しようにも、彼は運悪く長期出張で外国にいます。時折、電話はかかってきますが、心配させたくないと思い、つい「こっちは皆元気。子供たちも仲良くしてるわ」と、ウソを付いてしまったのです。帰国し、そのことを知った昌夫さんは激怒しました。いきなり、香菜さんの髪をつかんで折檻し、泣いて制止する安子さんにも手を上げたのです。

「何をするんです！　香菜は、まだ子供じゃないですか！」

「うるさい！　お前が叱らないから、こいつが付け上がるんだ！　俺がしつけてやる！　文句があるなら、離婚だ！　出てけ……！」

昌夫さんは、そう怒鳴りました。元はと言えば、香菜さんの利也君へのイジメが原因です。安子さんは、その後も必死に謝りましたが、昌夫さんの怒りは一向に収まりません。彼の口をついて出るのは「別れる」という言葉だけです。しかも、香菜さんを見つめる昌夫さんの眼差しには日々憎しみが増していくような気がし、また、香菜さんはというと、昌夫さんの顔を見ると怯え、すぐ自分の部屋に閉じ籠もってしまうのです。安子さんは、そんな二人の様子を見て、やり直すことを諦めました。そして、半月前、香菜さんと一歳になったばかりの男の子を連れて、昌夫さんの家を出て行ったのです。

「長い間、お世話になりました」

安子さんが、そう挨拶をして去ったため、昌夫さんは何の条件もなく、穏便に「離婚」できたと思っていました。ところが、安子さんは代理人の弁護士を通じ、財産分与、慰謝料、そして生まれた子供や香菜さんの養育費として一〇〇〇万円を要求してきたのです。法律上、正式な夫婦でもなく、また離婚の原因は安子さん側にあると思う昌夫さんにとって、そんな法外な金額の支払いには応じたくありません。第一、自分の子供でもない香菜さんの養育費まで、なぜ払う必要があるのかと憤慨しています。

●内縁でも、財産分与や慰謝料など、離婚給付の支払いはある

法律上の結婚は、男女双方にその意思がある場合に初めて成立します。見た目には夫婦同然に暮らしていても、互いに結婚する意思がなければ、そのカップルは単なる同棲相手に過ぎず、法律上の夫婦とは認められません。

しかし、結婚の意思はあっても婚姻届を出さないカップルもいます。これを内縁（事実婚ともいう）といい、今日では「結婚に準ずる関係」として、一定の法的保護が受けられることになっているのです。たとえば、民法の結婚や離婚に関する規定のうち、夫婦の同居義務や協力義務、扶養義務の規定などは内縁関係の夫婦にも適用されますし、互いに貞操を守る義務も当然あります。

注1▼事実婚の夫婦間に生まれた子供は母親の姓を名乗る

子の姓について、民法七九〇条二項は「嫡出でない子は母の氏を称する」と定めています。なお、家庭裁判所の許可と戸籍法の届出により父親の姓を名乗ることもできます（同法七九一条一項）。

●婚姻外男女関係の慰謝料・財産分与額

（結婚期間別の平均額・平成 10 年）

結婚期間	金額（万円）
1 年未満	146.3
1 年以上 3 年未満	208.9
3 年以上 5 年未満	248.0
5 年以上 10 年未満	219.6
10 年以上 20 年未満	364.4
20 年以上	540.6
全平均	196.3

（全国家庭裁判所の離婚調停等婚姻関係事件から）

＊上の表の金額は、最高裁判所編『司法統計年報・家事編』から抜粋したものですが、この平均金額については、平成 10 年以降公表されていません。

しかし、この夫婦間に子供が生まれても、その子供は父親（注1）と同じ姓を名乗ることは、原則できません。また夫婦の一方が死亡しても、他方はその財産の相続権はありません。また、内縁解消、つまり「離婚」する手続きは、法律婚（婚姻届を出した夫婦）のような面倒さはありません。いつでも自由に、また一方的に内縁関係を解消できます。

法律婚なら、民法（注2）の定める離婚原因など特別の事情がなければ相手からの離婚の申し出を拒否できますが、内縁の夫婦には申し出を拒否する術がありません。夫婦一緒の戸籍を持たない事実婚の夫婦にとって、法律婚のような拒否権を認めても意味がないからです。

ただし、だからといって、無秩序無責任な内縁解消まで認められるわけではありません。一方的な内縁解消に対しては「**内縁関係調整の調停申立て**」をすることもできますし、内縁解消により損害を受けた場合には、相手方に賠償請求をすることもできます。たとえば、内縁関係が破綻した責任が一方にのみある場合は、その相手方に慰謝料を請求できますし、財産分与や子供の養育費を請求できることは法律婚の場合と

注2▼離婚原因とは

民法では、夫または妻が、一方的に離婚を請求できる場合として、次の五つの離婚原因を認めています（七七〇条一項）。
①相手（配偶者という）が浮気など不貞行為を働いたとき
②相手から悪意で遺棄されたとき
③相手が三年以上行方不明のとき
④相手が回復の見込みがない強度の精神病にかかったとき
⑤その他結婚を続けられない重大な理由があるとき

同じです。

なお、事実婚の離婚、つまり内縁を解消した際の離婚給付の考え方は、次のようになります。
①慰謝料は、内縁解消の原因をつくった方が払います。夫婦双方に原因がある場合は、より重大な原因がある方が払います（68・69頁参照）。
②財産分与の対象になる財産は、原則として、内縁関係中に夫婦で築いた財産です。分与の割合は、原則として二分の一です（68・69頁参照）。
③養育費は、収入の多い親の生活レベルが基準になります（22～23・237頁参照）。
ところで、この事例の場合、内縁解消の原因がどちらかにあるか一概には言えません。しかし、昌夫さんと安子さんの内縁関係は三年に及び、その間、安子さんが専業主婦として家事全般を取り仕切ってきたわけですから、昌夫さんとしては一定の財産分与はしなければならないと思います。

なお、その額は昌夫さんの収入や資産、あるいは安子さんの貢献度によっても異なりますが、家庭裁判所の調停事件等を参考にすれば、二〇〇～三〇〇万円程度が妥当ではないでしょうか。（慰謝料と財産分与の平均額は前頁参照）。

次に、養育費の問題ですが、昌夫さんは安子さんとの間に生まれた子供を認知しています。その子供の養育費については当然、支払義務があります。少なくとも高校卒業年齢に達するまでは、養育費を払わなければならないでしょう。

なお、兄の利也君が大学に進学し、その学費等も昌夫さんが面倒をみているような場合は、生まれた子供に対する養育費の支払時期は大学卒業までになると思います。しかし、安子さんの連れ子である香菜さんに対する養育費については、香菜さんと養子縁組をしたなど特殊な事情がない限り、昌夫さんには原則として支払義務はありません。

このほか、別居した時期と二人が正式に内縁解消に合意した時期とが異なっている場合、安子さんと子供らの別居中の生活費についても、まだ内縁関係が続いているとして、昌夫さんが負担しなければならないケースもあると思います。

●内縁関係で生まれた子供も、裁判所の許可で父親の姓を名乗ることもできる

事実婚の夫婦も一定の法的保護を受けると言いましたが、婚姻届を出した法律婚の夫婦と比べ、その不利は否めません。たとえば、夫婦なのに、お互い法定相続人(注3)になれませんし、また生まれた子供は母親の籍に入り、非嫡出子として扱われることになります。たとえ、昌夫さんのように父親が認知しても、それだけでは父親の姓を名乗れません。また、かつては昌夫さんの遺産に対する相続分は、利也君の二分の一でした。現在は、非嫡出子の相続分については差別規定を違憲とする最高裁の決定が出され、嫡出子と同等とする改正がなされました。

なお、二人の間に生まれた子供は、昌夫さんと安子さん双方の法定相続人ですが、

注3▼法定相続人とは

民法では、死亡した人（被相続人という）の遺産を自動的に相続できる法定相続人の範囲を次のように定めています。

①配偶者（法律婚をした夫婦の夫または妻）は常に法定相続人です。

②子供（子供が死亡している場合には孫など）

子供が数人いる場合、その相続分は均等で、非嫡出子も嫡出子の相続分と同じです。

③直系尊属

子供がいない場合には、被相続人の父母（父母が死亡の場合は祖父母）が法定相続人です。

④兄弟姉妹

被相続人に子供も直系相続人もいない場合に、初めて法定相続人になります。

香菜さんは昌夫さんと、また利也君は安子さんと、養子縁組をしない限り、それぞれの実親以外の法定相続人にはなれません。これは、たとえ婚姻届を提出し、昌夫さんと安子さんが法律上、正式な夫婦になった場合でも同じです。

ところで、内縁関係の夫婦間に生まれた子供でも、一定の手続きにより父親の姓を名乗ることもできます。一つは、内縁関係の夫婦が、子供の出生後に婚姻届を出した場合です（準正という）。この場合、子供は嫡出子となります。もう一つの方法は、父親が認知した後、その姓の変更について家庭裁判所に許可を求める方法です。この場合には、父親の姓は名乗れますが、非嫡出子であることには変わりありません。

そして、昌夫さんと安子さんが後者の方法について知っていれば、こんな悲劇は起こらなかったのかもしれません。

この話のポイント

- 内縁（事実婚）の解消は、いつでも自由にできる。
- 内縁を解消した場合には、相手方から財産分与や慰謝料、養育費などの支払いを求められることもある。
- 内縁の夫婦間に生まれた子供は、原則母親の籍に入り、母方の姓を名乗る。

離婚話19●妻や子に手をあげると離婚原因!?

リストラにあって家族に八つ当たり。妻は実家に帰り離婚したいと――

夫36歳・会社員　妻29歳・パートタイマー
子供　女1人(5歳)
結婚8年

●暴力に絶えかねた妻は離婚を要求し、話合いにも応じてくれない

野中昇さんは、妻の涼子さんから離婚届を突きつけられ困っています。何とか関係を修復したいと思っているのですが、涼子さんは子どもを連れて実家に帰ったまま会おうともしません。

＊　＊　＊

大学卒業後、故郷のデパートにUターン就職した野中さんは、やがて涼子さんと知り合って結婚。二人の間には一人娘の智美ちゃんも生まれて、幸せに暮らしていました。ところが、去年の暮れ、突然会社が倒産したのです。雇用保険ももらえたし、涼子さんもパートで働いていたので、当座の生活には困りません。しかし、責任感の強い野中さんは、倒産直後から職探しに奔走したのです。すんなり次の職場が決まれば夫婦間のトラブルなど起こらなかったのでしょうが、三六歳ともなれば求人も少なく、再就職は思うようにいきません。精神的に追い詰められた野中さんは、いつしか朝から酒を口にするようになっていました。当然、職探しにも身が入らなくなります。

涼子さんが「根気よく探せば、必ずあるわよ。諦めないで」と励ましても、それに耳を傾けるどころか、

野中さんは「お前に俺の気持ちがわかるか」「女に何がわかるか」と大声をあげて暴れ出し、彼女を殴ることもしばしばでした。しかも、それまで猫可愛がりしていた智美ちゃんに対しても、わずかな粗相や悪戯を見つけては、きつく叱りつけ、時には手をあげて折檻をしたのです。

その頃から、二人の間では時折り離婚話が出るようになりましたが、野中さんは素面に戻ると涼子さんに必死に謝って、しばらくは職探しにも出掛けるので、涼子さんは離婚に踏み切れずにいました。

しかし、ある日のこと、いつものように泥酔した野中さんは、残業で遅く帰ってきた涼子さんに「残業なんて口実で、どうせ浮気でもしてんだろう」と口汚く罵ったのです。もちろん、涼子さんも負けてはいません。野中さんに「いい気なもんよね。女房に働かせて、自分は朝からお酒飲んでるんだから……。まるでヒモじゃない」と言い返したのです。その一言に、野中さんは切れてしまいました。逆上した野中さんは、涼子さんに殴る蹴るの暴行を加えたうえ、泣き出した智美ちゃんも殴ってしまったのです。近所の人の通報で駆けつけた警官が取り押さえるまで、野中さんは暴れ続けました。

幸い、智美ちゃんにケガはなく、涼子さんも打撲と擦過傷で全治十日程度のケガで済みました。しかし、救急車で運ばれた病院で応急手当を受けると、涼子さんは智美ちゃんを連れて、実家に帰ってしまったのです。野中さんは謝罪し、許しを請うために、何度か涼子さんの実家を訪れました。ですが、涼子さんは会おうとはせず、応対に出た彼女の両親を通じ、離婚したいという意思だけを伝えてきたのです。

皮肉なことに、涼子さんが実家に帰った翌日、野中さんの新しい勤め先も決まりました。野中さんは今、その職場で頑張っています。むろん、離婚に応じるつもりはありませんが、涼子さんの離婚の意思は固く、野中さんが離婚届にハンを押さなければ、調停を申立してると話しているとのことです。また、暴行事件についても、警察に告訴するつもりだと言うのですが……。

●解説／夫婦ゲンカでも、暴力を振るうと離婚原因になる

夫と妻が合意すれば、どんな理由でも、また理由などなくても離婚は成立します。しかし、夫婦の一方が離婚に応じない場合には、他方がどんなに離婚を望んでも、正当な理由がなければ裁判での離婚はできません。では、どんなことが離婚の正当な理由(離婚原因という)になるかというと、法律は、浮気や悪意の遺棄など、五つの離婚原因を認めています(民法七七〇条一項、詳しくは離婚話1・2の解説を参照のこと)。

野中さんのように相手に暴力を振るう行為は、程度問題ですが、同項五号の「**その他婚姻を継続し難い重大な理由があるとき**」に該当します。たとえば、夫婦の一方が酒乱や粗暴な性格で、相手に暴力行為を繰り返すというような情況であれば、それだけでも十分に離婚原因になるでしょう。しかし、夫婦ゲンカをしていて、たまたま成り行きで手が出てしまったというような、偶発的で一過性の暴行の場合は、それだけで離婚原因として認められるかどうか疑問ですが、婚姻関係が破綻していると判断されれば、離婚が認められるでしょう。

野中さんの場合、これまでにも涼子さんに対して、頻繁に暴力を振るっています。もし、裁判になれば、裁判所が涼子さんの要求通り、離婚を認める可能性が大です。どうしても離婚はしたくないというのであれば、今は暴力を振るったことを反省し、

NOTE▼家庭内暴力は男性だけではない
令和二年版の司法統計年報家事編によれば、男性側からの離婚調停申立事件（一万五五〇〇件）のうち一四五四件（九・四％）が「妻が暴力を振るう」という理由です。今では、DVの加害者は男性だけではないのです。

また仕事も見つけて真面目に働いていることを示して、涼子さんに理解してもらい、もう一度関係を修復してやり直すチャンスがほしいと、真剣に頼むしかないでしょう。しかし、涼子さんが話合いに応じてくれないのですから、自分の方から「**婚姻関係を円満に回復する調停**（注1）」を申し立てるのも方法の一つです。もう一度、夫婦関係をやり直したいという素直な気持ちを調停委員に話し、調停委員を通じて涼子さんに伝え、説得してもらってはいかがでしょう。

●離婚調停を申し立てる妻の五人に一人は夫の暴力が離婚の動機という

夫婦や恋人同士の間で、その一方（たとえば夫）から相手（妻）に加えられる暴力（**ドメスティック・バイオレンス＝ＤＶ**（注1））は大きな社会問題になっています。警察庁の犯罪統計（令和2年におけるストーカー事案及び配偶者からの暴力事案等への対応状況について）によると、配偶者からの暴力事案等の相談件数は平成一五年以降増加し続けており、令和二年には八万二六四三件でした。被害者の七六・四％は女性で、被害者と加害者との関係では八二・四％が内縁関係含む夫婦（元含む）です。また、令和二年中に全国の家庭裁判所に申し立てられた離婚調停事件では、妻側の動機の第四位（一九・七％）に「夫の暴力」が入っています（司法統計年報家事編）。

配偶者間でのＤＶの被害者を守るために作られた法律が、**配偶者からの暴力の禁止及び被害者の保護等に関する法律**（平成十三年四月制定、以下**ＤＶ法**という）です。

注1▼婚姻関係を円満に回復する調停
家を出た相手方に同居を求めたり、必要な生活費の分担を要求するなど、夫婦関係を調整するための調停申立てです。
婚姻を解消する（離婚）調停とともに「婚姻関係事件」と言われます。

注2▼DV
ここでいう暴力とは、必ずしも、殴る蹴るなど相手の身体への直接的な攻撃だけを指すわけではありません。精神的苦痛や性的侮蔑を与えるような行為も含まれるのです。

同法の施行前は、夫から暴力を振るわれても被害者の妻は、①民事訴訟を起こして夫（加害者）の妻への接近を禁止してくれるよう申し立てる（民事保全法に基づく接近禁止の仮処分、命令違反者を処罰できない）か、②暴行罪や傷害罪で夫を警察に告訴するという法的手段を使うしかありませんでした。しかし、これらは被害者に現実の危険が迫っている緊急時にはほとんど効果がなく、結局は危害を加えられる前に夫の元から逃げ出し、知人や親族あるいは婦人相談所などにかくまってもらうという一時しのぎの方法しかないのが実情だったのです。

なお、DV法は、正式に結婚をした（婚姻届を出した）夫婦や事実上の夫婦だけでなく、離婚した夫婦間のDV被害にも適用され、夫など加害者に対して強制力を持つ保護命令なども盛り込まれています。その主な内容は次の三つです。

①配偶者暴力相談支援センターの設置

各都道府県の婦人相談所などに設置されていて、被害者からの相談受け付け、一時的な保護やカウンセリング、自立のための支援をします。

②警察官への通報

DVを受けている人（妻または夫）を見つけた場合には、その発見者は配偶者暴力相談支援センターや警察官に通報する努力義務を負うことになり、通報を受けた警察官は、暴力の制止や被害者の保護、また被害発生の防止（必要な措置を講ずるなど）に努めることになっています。

③保護命令の申立て（元夫婦間や未成年者の子供、被害者の親族への暴力も対象）

被害者自らが地方裁判所に申立てができますが、相談を受けた配偶者暴力相談支援センターや通報を受けた警察も申立てができます。裁判所は、ＤＶ被害を受けている配偶者（元夫婦、被害者の未成年の子供、親族等含む）が、その生命や身体に大きな危害を受けるおそれがある場合には、加害者に対し次の保護命令を出します。

・加害者が、被害者につきまとったり、被害者の住まいや勤務先など通常いる（所在する）場所の周辺を徘徊することを六か月間禁止する
・加害者と被害者が同居している場合、加害者を、被害者の住まいから二か月間退去させる

この保護命令に違反した加害者は、一年以下の懲役または一〇〇万円以下の罰金が課せられます。

この話のポイント

・夫の暴力から妻を守るＤＶ法ができた。
・夫婦ゲンカでも刑事事件として立件され、実刑判決が下りることもある。
・理由はどうであれ、暴力を振るうと、離婚の裁判は不利になる。
・関係を修復したいなら、二度と暴力を振るわないと約束するしかない。

離婚話20●母が子を虐待するとき

自分の子を虐待するような妻とは離婚したいが……

夫28歳・会社員　妻28歳（主婦）
子供　男1人（4歳）
結婚4年

●妻の過剰な期待には応えられず

仲田和秀さんと妻の由美さんは、学生時代からの付き合いで、お互いが卒業してからほどなくして結婚しました。勿論、二人の間には愛情はあったのですが、結婚した主な理由は子どもができたからというものでした。

最初は順風満帆な夫婦生活でした。しかし、次第に由美さんが不満をもらすようになりました。

「東洋物産に入った佐々木さん、もう係長だそうよ」

こんな由美さんの話を和秀さんは単なる友人についての世間話と受け止めていましたが、実はそうではなかったのです。

いつものように夫婦と子どもの大輔君の三人でテーブルを囲んでいるときのことでした。

「今日、大学時代の友達の花子さんにバッタリ会ったの。旦那さん、医者ですって。外車に乗っていたの。うらやましかった……」

由美さんの口調が皮肉まじりであることに和秀さんは気付きました。

「そうか、大したもんだね」

和秀さんは当たり障りのない返事をしました。

「そんな調子のいいことばかり言って。だから、あなたは駄目なのよ」

それから堰を切ったように、由美さんの不満が飛び出したのです。

「会社だって一流じゃないし、給料だって一流企業の人の半分くらいじゃないの。そんな会社で出世できずに平社員のままじゃない。少しは悔しいと思わないの？」

食卓は一瞬にして氷りつきました。

「いい加減にしろ。僕を馬鹿にするのか」

和秀さんは思わず大声をあげました。

「こんなみじめな生活をするためにあなたと結婚したんではないわ。もっとしっかりしてよ」

由美さんはもうヒステリー状態です。その日以後、和秀さんと由美さんの間には冷たい風が吹き、あまり話もしなくなってしまいました。

●不満の矛先が子どもに――

和秀さんは会社で期待されていないわけではありません。それどころか、大学卒の少ない会社なので、上司の期待も大きかったのですが、あいにくポストが空かなかったのです。和秀さんは、妻の言葉に反発しましたが、何とか妻の期待に応えようと一生懸命働きました。そのために帰宅も遅くなる日が多くなり、夫婦の会話は一層少なくなりました。

その後、努力の甲斐があって、和秀さんは係長昇進の内示を得ました。意気揚々と早めに帰った和秀さんはマンションのドアを勢いよく開けました。すると大声で泣いている大輔君の声がしたのです。慌てて、その声のする台所へ行くと、大輔君がテーブルの下にうずくまっていました。その脇には投げたと思われる壊れた茶碗のかけらがあり、テーブルには幼児の学習参考書が置かれ、その横に由美さんが物差しを持って、見られてはならないものを見られてしまったという動揺した表情で立っていました。

「パパ、助けて……。痛いよ。お母さんが、物差しでぶつから」

大輔君がテーブルの下から飛び出して、泣きじゃくりながら和秀さんに抱きつきました。

「大輔になにをしたんだ」

和秀さんが由美さんに聞きました。

「勉強をしないのよ。もうすぐ幼稚園の受験だというのに……」

「受験だって？　僕は、なにも聞いていないぞ」

和秀さんは興奮していました。

「この子は大学付属の有名幼稚園に入れます。あなたのようになって欲しくないから……」

和秀さんはあきれてしまい、それ以上口をきく気にもなりませんでした。

「二度と大輔を叩いたりするなよ」

妻との口論を避けたい和秀さんは、それだけ言うのが精一杯でした。

●エスカレートする子どもへの虐待

和秀さんは係長に昇進してからますます仕事が忙しくなり、以前にまして帰りも遅くなりました。

そんなある日曜日、和秀さんが大輔君と一緒に風呂に入ったときのことです。和秀さんは、大輔君の体のあちこちに叩かれたと思われる傷があることに気付きました。

「またママに叩かれたのか？」

和秀さんが大輔君に聞きました。

「……転んだんだよ」

大輔君が言いました。しかし、和秀さんはそれが嘘だとすぐに見抜きました。

「パパには、本当のことを言ってくれ」

大輔君はしばらく考えている様子でしたが、こっくりと頷きました。

風呂から上がり食事を終えて、大輔君が寝つくのを待って、和秀さんは話を切り出しました。

「大輔の体、傷だらけじゃないか。まだやっているのか？」

「そう、スパルタ教育よ。あなたが何を言おうと、あの子は大学付属幼稚園に入れるから」

由美さんは完全に開きなおって言いました。

「そんなことをして大輔のためになると思うのか？　僕は反対だな」

「あなたには私のみじめな気持ちは分からない。なんなら離婚してもいいのよ。実家へ帰れば、父が大輔の学費ぐらい面倒をみてくれるわ」

「離婚か、それもいいだろう。だが、離婚しても大輔は渡さないからな」

売り言葉に買い言葉です。それ以来、夫婦の会話はほとんどなくなりました。

●夫の決断・別れるしかない

夫婦の愛情は冷め、由美さんの大輔君への執着はますます強くなっていきました。考えかたによっては、大輔君の将来を考えて、由美さんは必死だったのかも知れません。和秀さんも、大学付属幼稚園に執着する妻を全面的に非難することはできませんでした。というのは、名門の幼稚園に入れれば、大輔君の将来はある程度保証されることも事実だからです。

その日、得意先との接客があった和秀さんは深夜の帰宅となりました。いつものように室内のほとんどの電気は切られ、リビングの明かりだけがついていました。和秀さんは、お茶漬けでも食べようと思い台所へ行くと、テーブルにうずくまっている大輔君がいました。

「どうした……」

和秀さんが、思わず声をかけました。

「ママはもう嫌だ。パパ、家にいてよ」

大輔君が泣きながら言いました。そのとき、妻のやり方は、もう子どものためなんかじゃない、と和秀さんは確信しました。そして、別れようと決心したのです。

その後、由美さんは離婚してもいいと言ったにも関わらず、離婚に同意しませんでした。結局、離婚調停を家庭裁判所に申し立て、調停の結果、和秀さんは由美さんと別れ、大輔君の親権者となり引き取ることになりました。今は実家での生活で、大輔君の身の回りの世話はおばあちゃんがしています。

しかし、大輔君を妻の虐待から守ったとはいえ、本当にこれでよかったのかどうか、和秀さんは疑問に思うことがあります。子どもにとっては、やはり両親が揃っているにこしたことはないからです。

●解説／子どもへの虐待と離婚

子どもの教育に関して考え方の違いから夫婦のトラブルとなるケースは多くあります。というのは、いい学校を出て、いい会社に就職するというのが、子どもの幸せにつながると考える親が多数いるからです。しかし、こうした価値観は親の一方的な考えであり、子どもにとって本当に幸せかどうかは分かりません。こうした考えがエスカレートすると、本例のように行き過ぎで虐待となるケースもあります。なお、本例では妻の子への虐待をとりあげましたが、夫の虐待、夫婦双方による虐待もあります。

さて、こうした子への虐待が原因で離婚できるかどうかですが、子への虐待そのものが直接の離婚原因となることはありません。というのは、離婚はあくまで夫婦二人の問題だからです。ただし、こうした子どもへの虐待が原因で、夫婦間でトラブルが続いた結果、夫婦間の愛情が完全になくなり、婚姻関係が破綻したということになれば、離婚原因の「**婚姻を継続し難い重大な事由**」ということになると思われます。

難しいのは、離婚することが本当に子どもにとって幸せかどうかということです。悪い親でもいないよりはいたほうがまし、という子どもも多くいます。最良の選択は、こうした虐待をする親を更生することにより、普通の円満な家族に戻すことにあると言えます。なお、離婚しても親子の縁が切れることはありません。

●子どもへの虐待と離婚における親権者

離婚で親権者を家庭裁判所が指定する場合、その判断基準は「子の利益、福祉」に

注1▼児童虐待の防止等に関する法律

①児童虐待の定義／児童虐待とは、一八歳未満に対する㋑身体的な暴行、㋺ワイセツ行為、㋩著しい食事制限や長時間の放置、㊁保護者以外の同居人による前記行為と、その行為を保護者が放置すること、㋭心理的外傷を与える言動

②通告義務／教師や医師、弁護士などは虐待の早期発見に努めなければならないとし、発見した場合は速やかに福祉事務所・児童相談所などに通告しなければならない。

③立入り調査・警察官への援助要請／虐待のおそれがあるときは、児童相談所などが児童の自宅などに立入調査ができる（保護

とってより良い側ということになります。
具体的には、以下の事情が考慮されます。

〔父母側の事情〕

①健康、精神状態、性格異常、生活態度、経済状態（資産、収入）、家庭環境、住居、教育環境
②子に対する愛情の度合い
③監護補助者（祖母など）の有無
④父母の再婚可能性、離婚の有責性（別れる夫婦のどちらに離婚の責任があるか）

〔子側の事情（子の年齢と意思）〕

①0歳～10歳……母親の方が親権者となる場合が多い
②10歳～15歳……子の心身発達の状況により、子の意思を尊重
③15歳～……子の意思を尊重（子の陳述が必要）

こうした事情が考慮され親権者が決まることになりますが、本例の場合には、妻が子どもを虐待していたケースであることから、子の意思も聞いて、通常は夫を親権者とする決定がなされるものと思われます（本例は調停で話合いがついています）。

●子どもの虐待と救済

厚生労働省によると、令和二年度に全国の児童相談所で対応した児童虐待相談対応件数は二〇万五〇二九件（速報値）で、過去最多でした。具体的な内容では、心理的

者が拒否する場合、裁判所の許可状により臨検・捜査）。その際、警察官の援助を要請できる。

④保護者が指導を受ける義務／児童虐待により一時保護された児童の保護者は、児童福祉司などの指導（カウンセリング）を受けなければならない。

⑤面会または通信の制限／児童相談所長等は、児童虐待を行った保護者に対して、虐待により一時保護などで入所した児童への、面会や通信を制限することができる。なお、この法律は虐待した親を処罰する法律ではなく、あくまで児童保護の法律です。

注2▼しつけと虐待
虐待の問題では、いったいどの程度からが虐待になるのか、という議論

虐待がトップ（五九・二%）で、身体的虐待（二四・四%）、ネグレクト（一五・三%）と続きます。なお、令和元年度（相談一九万三七八〇件）には七八人もの児童が親の虐待により命を奪われました。

　このような児童虐待事件を防ぎ、親の暴力から未成年の子供の生命身体を保護する体制を整備するため、**児童虐待の防止等に関する法律**（注1）が制定され、平成一二年一一月二〇日から施行されていますが、残念なことに、児童相談所への相談件数は年々増加の一途です（最近の傾向としては警察からの通報が過半数）。

　なお、児童虐待を防ぐ法律上の対策として、親権を最長二年間停止する親権停止の制度（民法八三四条の二）もありますが、この制度による審判の申立てが令和二年は三七四件（既済事件のうち一三〇件が停止）でした（司法統計年報家事編）。

　また、虐待をする側に目を向ければ、子どもの虐待には何らかの理由があり、その原因の究明と対応策が急務となります。事実、母親が子どもの虐待をする場合には、育児ノイローゼやしつけ（注2）と思いこんで結果的に虐待しているケースもあります。こうした場合には医者などのカウンセリングや治療が必要となります。

この話のポイント

- 虐待が原因で婚姻関係が破綻していれば、「婚姻を継続し難い事由」に該当する。
- 子どもの虐待では、虐待していない側の親が親権者となる可能性が大きい。
- 子どもの虐待では、離婚は最後の手段と考えるほうがよい。

がしばしばなされます。たとえば、一回叩くのはしつけで、一〇回叩くと虐待となるのか、といった議論です。

　この問題で、児童虐待の防止等に関する法律は虐待の定義として、「児童の身体に外傷が生じ、または生じるおそれがある暴行を加えること」としています。法文をそのまま解釈すれば、なぐったりしてケガをさせたり、ケガをさせるような暴力を加えると、一回でも虐待ということになります。

　この解釈が今後どのようになされるかは見ていく必要がありますが、東京都制作の『虐待防止マニュアル』にあるように、「子どもの心身を傷つけ、健やかな成長・発達を損なう行為」はすべて広い意味では虐待だと考えていく必要があるようです。

離婚話21●退職前に離婚を要求されて大困惑

熟年離婚! 離婚時年金分割も請求されて──

［夫59歳・サラリーマン　妻57歳・専業主婦
子ども2人(長男・次男共に結婚して別家庭)
結婚30年

●老後の生活設計が水の泡に

福沢恵一さんは、電子部品メーカーの販売課長で当年五九歳、あと六カ月でめでたく定年退職です。その後は会社の嘱託社員として、週に二日程度、今の会社に勤めることが決まっています。

退職金も世間並みには出るはずだし、定年後もなんとか会社に残ることができて、これからは時間をみて、妻と二人で旅行などをしてのんびり老後の生活を楽しみたいと思っています。バブル崩壊後の安月給で子育て、住宅ローンに追われる中、ほんとうによくやりくりをしてくれて、また、自分のような頑固者によくついて来てくれたと感謝しています。

そんなことから、ある日の夕食後、普段はあまり妻に話しかけない恵一さんが、珍しく切り出しました。

「どうだい、定年になったら、海外旅行でもするか。どこがいいかな」

恵一さんは、てっきり妻の美智子さんが喜んでくれると思っていました。しかし、返って来た言葉は意外なものでした。

「あなたひとりで行ってきてください……それより、お願いがあるのですが、私と離婚してください」

いきなりの美智子さんの発言に、恵一さんはびっくりしました。しばらく、恵一さんは返す言葉もなく唖然としていましたが、気を取り直して言いました。

「それ、本気かい、冗談だろう？」

しかし、美智子さんは「離婚してください」と繰り返すばかりで、恵一さんも美智子さんが冗談で言っているのではないことを悟りました。

「どうしてなんだ。理由を教えてくれ」

恵一さんは、戸惑い、やや興奮気味に言いました。

「わがままなあなたの老後の面倒を、もう、みたくはないんです」

確かに恵一さんは亭主関白でした。何事も家庭を取り仕切って来たのです。

「家族のために一生懸命働いてきたんだぞ。離婚なんて出来るか」

恵一さんは激昂しました。

「ほら、そうして怒る。だから離婚したいんです。確かに伝えましたよ」

美智子さんはあくまで冷静です。

「離婚して、どうやって食っていくんだ」

恵一さんは、なんとか思い止まらせようとしました。

「この家の権利の半分と退職金の半分をください。それに年金も半分はもらえるそうですから大丈夫ですよ」

美智子さんは、そう言うと、台所から出て行きました。後に残された恵一さんは、テーブルにある酒をガブ飲みするほかありませんでした。

●美智子さんの財産分与の胸算用

美智子さんには、老後の生活設計があります。長年やってきた華道の師範の免状を活かして、教室を開こうというものです。その資金はもちろん、離婚の財産分与と、ちゃっかり貯め込んだ五〇〇万円ほどの貯金が元金です。

美智子さんの試算によれば、夫の退職金の約半分の一〇〇〇万円、家の財産分与が約二〇〇〇万円、夫名義の貯金の約一〇〇〇万円の半分の五〇〇万円、それに自分の貯金五〇〇万円の計四〇〇〇万円が入ると計算していました。これだけあれば二DKくらいのマンションを買って、そこで、華道教室を開くには十分な元手となると踏んでいるのです。それに、いずれ離婚時年金分割による年金も自分の年金に合わせて二〇万円程度は入ると予想していました。

一週間が経ち、美智子さんは家事にいそしんでいましたが夫婦には会話もなく、恵一さんも離婚に同意したかに見えました。そんなある日、夫の恵一さんが話合おうと言ってきたのです。応接のテーブルを挟んで久しぶりの二人の会話となりました。

「で、離婚後の生活はどうするんだ?」

恵一さんは、離婚後、妻がどう生きていくのか少し心配でした。

「それより、あなた、財産分与はいくらもらえるのかしら」

美智子さんは恵一さんの意に反して、お金の話を持ち出しました。

「離婚するかどうかも決まっていないのに、そんなもん知るか」

恵一さんは、ぶっきらぼうに答えました。

「退職金の半分とこの家の権利の半分、それにあなたの貯金の半分、三五〇〇万円程度にはなると思いますが」

「離婚したいという君にどうして三五〇〇万円も僕が払うんだ」

馬鹿馬鹿しくて話にならない、と恵一さんは思いました。

「財産分与はどちらが離婚を言い出そうと関係ありません。はい、これ……」

美智子さんは、用紙に書いたメモを恵一さんに渡しました。それには、美智子さんの胸算用の金額が書かれていました。恵一さんは、手に取って見て、しばらく考え込んでいました。

「いいかい、もし、この計算通り払うとしても、二〇〇〇万円にもならないよ」

恵一さんは、お金の話などしたくはありませんでしたが、あまりの一方的な要求に反論しました。

「まず、退職金は二〇〇〇万円なんて出ないよ。不景気のときに退職金規程が変わり、せいぜい一五〇〇万円だ。この土地家屋だって同じだ。バブル崩壊で今は時価三〇〇〇万円程度だし、ローンが一五〇〇万円程度残っている。貯金は確かに一〇〇〇万円程度はあるが、子ども二人の学資や車のローンなどの借金がまだ二〜三〇〇万円程度はあるだろう。それに年金が満額もらえるまでには、あと数年はかかるし、老後の生活は年金だけが頼りだ」

「借金はあなたの借金でしょう。あなたが払い続けなさいよ」

「残念だが、借金を引いた残りが財産分与の対象だよ。分けるならば、家も売らなければならないし経費もかかる。二人でつましく生活するぐらいの蓄えしかないんだ。」

美智子さんは、急に黙り込みました。

「それに、年金を当てにしているだろうが、僕の年金の半分をもらえると思ったら大間違いだ。もらえるのは、婚姻期間中の老齢厚生年金の部分の半分なんだ。僕と君が結婚したのは、僕が三五歳の時だから、二五年分だけなんだよ。それに、平成二〇年の四月からの離婚では、君の目論見どおり、自動的に分割されることになるが、それまでの年金については当事者の合意か家庭裁判所の決定が必要なんだよ」

動転した美智子さんは、恵一さんの言うことが理解できないようでした。しかしなんとなく、財産分与も自分の目論見よりも少なく、年金も夫の分の半分などはとてももらえないことだけは理解したようです。

●離婚の時期を延ばす

恵一さんは、こうなった以上、離婚は仕方ないと思うようになりました。そう思うのと同時に、今までの婚姻生活のアカを落とし、これからのことを考えるには、それ相応の時間も必要だと感じていました。

そこで、恵一さんは老齢年金が全額支給される六五歳までの五年間の家庭内別居を提案しました。その間は、今までと違い、互いの生活には一切干渉しないこと、妻の美智子さんは自宅で華道教室を行ってよいこと、それに退職金の二分の一の約七〇〇万円は美智子さんに渡すという条件でした。

意外にも、美智子さんはこの条件をすんなりとのんだのです。熟年夫婦の家庭内別居の始まりです。恵一さんは、自分の分の食事洗濯などの家事を久しぶりに始めました。

恵一さんが年金を全額もらえる五年後になって、また、その時、どのように美智子さんが出てくるかは分かりませんが、それでも離婚したいというなら、その時は一も二もなく承諾して、何も言うまいと恵一さんは決めています。その頃には、恵一さんも一人暮らしに慣れて家事も上達していることでしょう。

●解説／人生の終わりに向けて

長い夫婦生活における大きな区切りは、子どもが自立して養育の必要がなくなったときであり、もう一つは、夫の定年退職ということができるでしょう。

夫婦がこうした分岐点を通過して熟年に達すると、否応なく夫婦は直接向かい合わなければなりません。その時、考え方や生き方が実は大きく異なっていたことに気づくことがあります。

夫婦は車の両輪によく例えられますが、これは上に乗せる何かがあればの話で、それがなくなれば所詮は個人と個人でしかないのです。そこから新たな関係をどうつくっていくかは、それぞれの夫婦が再び、努力しなければなりません。

熟年離婚では、婚姻期間が長いことから、さまざまな問題が生じています。感情的なことが第一でしょう。これまで我慢してきた恨みつらみが一気に吹き出します。また、財産分与にしても、不動産、預貯金、借金、年金などが実に複雑にからんできます。また、子どもがいれば、離婚により親の財産が、将来子どもにどう受け継がれるかの問題もあるでしょう。

このように、協議離婚は別として、一筋縄ではいかないのが熟年離婚の特徴です。

●離婚時年金分割はバラ色ではない

離婚時年金分割制度とは、婚姻中に収めた厚生年金の保険料（納付記録）を「夫婦

NOTE▼熟年離婚の増加

人口動態統計によれば、令和二年中の離婚件数は一九万三二五一件（概数）で、前年の二〇万八四九六件より一万五二四五件減少し、平成七年以来、二五年振りに二〇万件を割り込みました。

ちなみに、同居期間が三〇年以上の熟年離婚は一万一一四三件で前年の一万一六四五件を下回りましたが、近年では毎年、一万件を超す熟年離婚があるようです。

NOTE▼財産分与としての年金の取扱い

平成一九年四月からは、離婚時年金分割制度がスタートしましたが、では、この制度の施行以前どうなっていたのでしょうか。

年金・恩給については、すでに支給されていたり、近い将来に支給される予定の場合には、財産分与の対象になるとする判例

共同で納めたもの」とみなし、離婚した場合には、「結婚した期間に相当する分の老齢厚生年金」を夫婦で分割するというものです。分割の対象には、「老齢基礎年金（国民年金）」は含まれません。

具体的には、離婚する夫婦の年金を計算する基となる、標準報酬記録を分けることになります。したがって、婚姻期間中の標準報酬を再評価したものの総額が多い人が少ない人に対して、標準報酬記録の一部をあげるという方法によります。美智子さんのように、「夫の年金の二分の一をまるまるもらえる」と勘違いしている人も多かったようですが、それほどの金額にはならないのが現実です（下欄参照）。お互いに正しい知識を身につけ、人生の仕上げを誤ることのないよう対処してください。

この話のポイント

- 熟年離婚では、長い婚姻生活の清算が必要で簡単にはいかない。
- 離婚時年金分割があることも頭に入れておく。
- 離婚後の生活設計をどうするかも考える。
- 熟年夫婦の離婚は悲惨な結果となる場合もあるので対策は万全に。

がありましたが、否定した判例もあり、裁判所の判断は分かれていました。

離婚時年金分割制度の導入により、平成二十年三月までの婚姻期間に対応する年金分割は話合い（話合いがつかないときは家庭裁判所が決める）、同四月以降の分は自動的に二分の一に分割されます。

NOTE▼退職金と財産分与

離婚前に退職金が支払われている場合は、財産分与の対象となります。

離婚後に退職金が支払われる場合は、将来、退職金が支給されたときに支払うなどの合意がなされることがあります。

お父さんのための離婚のコラム●8

「介護」や「お墓」が離婚の端緒となることもある

熟年離婚の場合、不仲の理由に、親の介護やお墓の問題が絡んでいることがあります。

●夫の親の介護と妻の不満

今日、親の介護は老人の親を若い世代の子が介護するというものではありません。平均寿命が延びて、老人の親を老人の子等が介護するという例が多くなっています。こうした場合に、介護で苦労するのは、同居している子の妻ということになります。こうした場合に、自分の親の介護であるのに夫が協力的でなければ、夫婦間の争いとなることもあります。離婚に至る争いにはならないまでも、イザコザが起きることは少なくありません。不満の理由の一つは、「舅《しゅうと》や姑《しゅうとめ》の介護をすることは当然」とするかつての家制度の名残りと「そんなことは結婚とは無関係」とする考え方の違いあるようです。

法的には、介護を扶養の一つと考えれば、妻は舅や姑の介護をする義務はありません。民法八七七条は「直系血族及び兄弟姉妹は互いに扶養する義務がある」としか定めていないからです（もっとも特別の事情があるときには、家庭裁判所は三親等内の親族〈妻はこれに入る〉に扶養の義務を負わせることができます）。

なお、舅や姑の介護をしても、妻は法定相続人としてその遺産を相続できるわけではありません。ただ、民法改正（令和元年七月施行）で、これまでは何の見返りもなかった「妻の介護の貢献」について、夫以外の相続人に対し、妻が金銭的請求ができる「特別の寄与」の規定が設けられました（法一〇五〇条）。

●夫の先祖代々の墓に埋葬されたくない

父母が死亡し、お墓の管理者（正確には祭祀承継者）になったりすると、夫婦はどうしても自分が埋葬される墓の問題とも向き合わざるを得ません。そうすると、自分のお墓をどうしようかという問題にもぶつかります。夫が祭祀承継者の場合、当然、夫は自分のお墓に埋葬されたいと思うのですが、妻はそうではない場合もあるようです。夫の先祖代々の墓に入ることに恐怖に近い感情を持っている人もいます。また、自分の親が眠る墓に入りたいという人もいます。

このことについては、実は法律上の決まりは何もなく、「実家の墓に入りたいので離婚したい」などと言い出されかねません。

なお、夫が先に死亡した場合、婚姻関係終了届を役所に出して、その後復氏することによって、夫の先祖代々の墓に入ることを回避する方法があります。

離婚話22●離婚手続における注意点

要注意！　離婚紛争はエスカレートする

［夫35歳・メーカー研究所勤務　妻35歳・公務員
子供2人（長男・小学4年生、長女・小学1年生）
結婚11年

●苦い離婚の思い出

石川義則さんは、妻との三年に及ぶ離婚戦争をやっと終えて、離婚届を役所に提出したばかりです。長かった離婚までの過程を振り返ると、自分も元妻も離婚を戦いだと思い、お互いの主張ばかりを繰り返していたことが情けなく思えるのです。

＊　＊　＊

義則さんと和美さん（元妻）は、相思相愛の恋愛結婚で、美男美女の高学歴同士で人が羨むほどのカップルでした。結婚に際してふたりは「どちらか一方の愛情がなくなったら別れよう」という約束をしていました。また「何事もお互いが平等で、お互いのやりたいことには干渉しない」という約束もしました。

こうした結婚生活がスタートして二児をもうけたのですが、ここ数年、義則さんは何事にも自分の主張を譲らない妻がだんだん疎ましく思えるようになってきました。このことは妻の和美さんも同様でした。最近、これは「性格の不一致だな」と義則さんは思うようになっていました。

そんな折、義則さんは、妻から「離婚したい」と言われたのです。晴天の霹靂でした。

理由をただすと、「もうあなたに対する愛情がなくなったわ」と言うだけです。別段、好きな人がいるとも思えません。義則さんは、それ以上のことを聞くことも、離婚を考えなおしてくれと頼むこともしませんでした。というのは、結婚当初の約束があったからです。

しばらく考えた後、義則さんは「いいよ」と離婚を承諾しました。

こうして、簡単に離婚が合意できたのですが、それから本当に離婚するまでが大変だったのです。

●理屈が理屈を生んだ離婚抗争

離婚届を役所から取り寄せて、必要な事項を記載する段になって、妻の和美さんが「子供はどうするの……」と言い出しました。離婚届には子の親権者の記載欄があり、親権者が決まらなければ、この届は役所で受理されないのです。

「君が言い出したことだ。子供は二人とも小学生だし、僕が引き取る。親にも話してある」

義則さんは、当然、子供は自分が引き取ることになると思っていたのです。

「それなら離婚できない。子供の問題は、離婚をどちらが言い出したかという問題とは別でしょう。子供は私が育てるから、養育費を出してよ」和美さんは激しい口調で言いました。

冷静に考えれば、子供の問題は子供の立場で考えるべきことなのです。こうした当然のことさえも、お互いが自分の主張のみを繰り返すばかりで、考えが及ばなかったのです。もうこうなれば話合いは平行線のままです。夫婦はそれぞれの部屋を決めて家庭内別居の状態となりました。

妻はその後、法律相談所などで離婚に関する知識を仕入れ、現在住んでいる家屋を財産分与するよう要求してきました。家屋は夫婦の共有ですが、義則さんが実家から一〇〇〇万円の支援を得て、建てたものです。そのことを言うと、「私と子供のためには、この家が必要なのよ。その代わり、あなた名義の貯金は、そのままでいいわ」と言うのです。

話合いをすればするほど、妻の要求はエスカレートし、トラブルは一層複雑化し増大していきます。

こうした状況のまま一年が経過しました。家庭はすっかり崩壊しています。子供たちからは笑顔が消え、学校では暴力を振るい問題視されています。しかし、義則さんはどうすることもできません。

「家庭裁判所の調停で話をつけよう」

こうした宙ぶらりんの状態ではいけないと気づいた義則さんが、和美さんに提案しました。実は離婚のことで、仕事にも身が入らずミスが多くなっていたのです。

「だったら、この家を出ていってよ。離婚で争っている同士が同じ家にいるなんておかしいじゃない」

和美さんが血相を変えて言いました。

「出ていくのは離婚を言い出した君じゃないか」もう、売り言葉に買い言葉です。

「私には子供がいるわ。あなたに面倒が見れる？　何もしないじゃない」

その時、思わず義則さんは手をあげてしまいました。思いっきり和美さんの頬を平手打ちしたのです。

和美さんは一瞬たじろぎましたが、次の瞬間、電話口に走って一一〇番通報したのです。すぐにパトカーのサイレンの音がして、警官が来ました。義則さんは、事情を聞かれ、きつく叱責されたのです。

この事件で冷静になった義則さんは、早く第三者を交えて冷静に話し合い、早期に解決したほうがよいと考え、家庭裁判所に調停の申し立てをしました。

しかし、調停でも、子供の取引や財産分与をめぐって家庭での論争が家庭裁判所に持ち込まれただけで話合いは常に紛糾し、双方が主張を変えることはありませんでした。そして、約一年後に話合いがつかないまま調停は不成立で終わりました。

離婚するには、もう訴訟しかありません。訴訟の申立てでは、その請求の趣旨（離婚すること）を明確にしなければなりません。したがって、離婚を言い出した妻の和美さんが訴訟の申立てをするのが筋だと義則さんは思ったのですが、もうこの頃になると義則さんは意地でも早く離婚したいと思っていたのです。そこで義則さんは、調停の不成立から約半年後に、弁護士に頼んで訴訟を起こしました。

裁判所でも妻側の主張は相変わらずでしたが、訴訟は調停と違って不成立ということはありません（和解をすすめてくれることはあります）。必ず、判決という形で白か黒かの決着をみるのです。

裁判所の判断は、離婚を認め、長男は義則さんが、長女は和美さんが親権者と指定し、また、養育費は夫婦共働きという状況を考慮して、長女の養育費として月五万円を義則さんが和美さんに支払うというものでした。また、財産分与は義則さんが和美さんに一二〇万円を支払うようにというものでした。これは調停でも何度も調停委員が勧めたものと同じ、至極妥当なものだったのです。

和美さんが離婚をしたいと言い出してから、判決までに、三年の月日が流れていました。お互いの主張だけを繰り返し本音で話すこともなく、お互いと子供を傷つけただけの離婚劇。離婚をした今、あの時、妻が離婚を言い出した本当の理由は何だったのか、本当は離婚することにためらいがあったのではないか、同じ離婚をするにも、もっと上手な方法はなかったのか、など反省する義則さんです。

●解説／離婚での注意点

本例は、離婚問題が双方の主張により、複雑化していく過程を解説しました。離婚の話合いで、双方が自分にとって少しでも有利な解決をしたい、あるいは意地を通したいという気持ちはわかりますが、それでは何も解決しません。離婚は結婚という契約の解消である以上、相手の主張もあり、条件等の譲歩は仕方のないことです。

ともあれ、離婚は結婚と同様、人生においては、一種の節目となります。再出発のための節目にするか、単なる事件として終わらせるかは本人の考え方次第です。

▼離婚での注意点①／離婚は生涯の一大仕事、冷静に対処する

「離婚は一枚の紙を役所に提出すれば済む」と考えている人がいるかもしれませんが、それは大間違いです。離婚は婚姻という契約の解消であり、解消するに当たっては多くの問題が生じます。子供の問題、財産分与や慰謝料・養育費といった金銭問題、これからの住居、場合によっては、これまでの人間関係にも影響することもあります。

こうした問題を一度に解決しなければならないのですから大変です。離婚は裁判離婚は別として、協議離婚や調停離婚の場合には話合いが中心ですので、お互いの主張が対立すれば際限のない論争ともなりがちです。つい嫌気がさして相手を罵ったり、ときには手をあげたくもなりますが、それは禁物で、冷静な対応こそが重要です。

▼離婚での注意点②／鉄は熱いうちに打て

離婚にはタイミングがあります。話合いがついて協議離婚をすることが決まり、離

NOTE▼調停の審理期間はどうなっているのか

令和二年中に終局した全国の家庭裁判所で扱った婚姻関係事件（離婚・円満調整など）は、五万八九六九件でした。このうち、三万二五五五件が六か月以内の審理期間で終わっています。

実施審理回数も二回がもっとも多く、調停は早期にしかも安く（手数料一二〇〇円）紛争を解決する手段として、多くの人に利用されているようです。

しかし、互いの主張が異なり、調整が難航しているケースもあり、二年を超える事件も四五一件あります。また、審理回数も一〇回を越えるものが一一六八件あります。資料／司法統計年報・家事編（令和二年版）

婚届を出すだけという場合に、届を出すのを面倒がっていたために、離婚届の不受理申立がなされて、届が受理されなかったなどのケースがあります。離婚では、お互いの気持ちは時の経過とともに揺れ動くものです。決まったら、早急に手続は済ますことです。なお、調停では調停調書が作成された時点で、また裁判では判決が確定した時点で離婚は成立しますが、いずれも調停成立あるいは裁判確定の日から一〇日以内に離婚届を市区町村役場に提出することが必要です。

▼離婚での注意点③／結婚の清算は結局はお金の問題となることを覚悟しておく

財産分与や慰謝料、養育費などのお金の問題は、結局は当事者がいくら欲しいか、いくら払えるかの問題です。離婚したいばかりに、高額の慰謝料を払うことを約束したりすると後で大変なことになる場合もあります。相手があまりにも高額の金銭を要求してきた場合には、調停など裁判所に関与してもらった方がよい場合もあります。

また、離婚後に月払いなどで支払いを約束した金銭が、リストラなどのあおりで支払えなくなる場合もあります。こうした場合、相手方と交渉し、話合いがつかなければ事情変更を理由に家庭裁判所に減額請求の調停申立をすることができます。

▼離婚での注意点④／可能な限り子供が傷つくことが少ないように

離婚は当事者だけの問題ではありません。お互いの親族にも少なからず影響はありますが、何といっても子供への影響が心配されます。今後の生活はどうなるだろうか、と子供は不安になるのです。離婚で争っている当事者にしてみれば、それは二の次だ

NOTE▼調停の内容はどうなっているか

令和二年中に全国の家庭裁判所が扱った五万八九六九件の婚姻関係事件で、調停が成立したのは二万九六四六件でした。この事件の終局結果は以下のようになっています。

①調停離婚／二万五一六件
②協議離婚届出／二六八件
③婚姻継続／八八六二件（うち別居八一八二件）

調停が成立した事件では、その七〇・一％が離婚という結果になっています。また、調停不成立が九九九九件、取下げが一万二七一九件などとなっています。

資料／司法統計年報・家事編（令和二年版）

と考える人もいるかもしれませんが、子供を含めた家族の全員が一種の当事者（利害関係人）であることを忘れないようにしてください。

▼離婚での注意点⑤／離婚後にトラブルの種を残すな

離婚したからといって、離婚に伴うさまざまな問題も全て終了するわけではありません。子供の養育費の支払い、子供との面接交渉、財産分与や慰謝料を決めず離婚した場合の離婚後の財産分与や慰謝料の請求など、離婚後も続く問題があります。こうした問題については、離婚時に契約書を作っておくことです。

なお、離婚した女性は前婚の解消から六か月経過後でなければ再婚はできませんでした（民法七三三条）が、平成二七年一二月一六日の最高裁判決は「一〇〇日を超える禁止期間は違憲」と判断し、平成二八年六月一日、再婚禁止期間を一〇〇日に短縮する改正法が成立しました。もっとも、法務省は違憲判決後、法改正を待たずに禁止期間を一〇〇日以内として扱うよう全国の自治体に通知し、そのとおりの運用がなされていました。また改正法は、妊娠していないことを医師が証明した場合などには禁止期間を適用（同法七二二条関連）しないとしています。

この話のポイント

- 離婚の話合いは感情的になり、紛争がエスカレートしがちなので、冷静に…
- 自分たちだけの問題でなく、家族の問題でもあることに注意する。

NOTE▼離婚訴訟の事件件数や判決の内容などはどうなっているのか

全国の家庭裁判所（第一審）が令和二年中に取扱い、終局した人事訴訟事件（婚姻・離婚・認知・親子関係事件で、その多くが離婚関連事件）の概要は以下のようになっています。

①事件数／八一五七件
②審理期間／六か月以内が二三・六％（一年以内に五一・九％、五年以内には大半の事件で判決が出ている）
③審理結果／判決内容は、認容が二八五一件、棄却三七三件、却下一五件

なお、裁判上の和解が三一七一件と、かなりの数を占めています（和解内容の詳細は不明）。

資料／司法統計年報・家事編（令和二年版）

お父さんのための離婚のコラム●9

離婚した場合の姓と戸籍

　離婚した夫婦のうち、相手の姓を名乗っていた人は、離婚後の姓をどうするかという問題も発生します。

●離婚後、旧姓に戻るか、結婚中の姓を名乗るかは自由

　離婚をすると、結婚で姓を変えた人は元の姓に復するのが原則ですが、結婚中に使っていた姓をそのまま名乗ることもできます。この場合には、「離婚の際に称していた氏を称する届」を離婚届と同時にあるいは離婚の日から三か月以内に届出なければなりません。この届出がなされない場合には、自動的に結婚前の姓に復することになります。

●元の戸籍に復籍する場合と新戸籍が編成される場合とがある

　結婚によって姓を変えた者は、離婚するとその戸籍から除かれることになります。そして、旧姓に復する場合には、原則として結婚前の戸籍に入籍することになります。ただし、離婚の際に、実家の戸籍が消滅（両親の死亡など）していたり、あるいは、本人が新戸籍をつくることを申し出た場合には、新戸籍が編成されることになります。

　また、離婚のときに「離婚の際に称していた氏を称する届」を提出した場合には、必ず新戸籍が編成されることになっています。

　離婚後の姓をどうするかについては、離婚届の記載事項でもありますので、離婚届を提出する前に決めておくのが望ましいでしょう。

●離婚しても子の姓は変わらない

　離婚しても子の姓は変更されず、戸籍筆頭者の戸籍に残ったままです。つまり、母親が旧姓に復して親権者となって子を引き取っても、子は父親の戸籍に入ったままで、母親とは姓が違ったままということになります。これでは、不都合も生じますので、子本人または子が十五歳未満のときには親権者が家庭裁判所に氏（姓）の変更許可の申立てをして、同一の戸籍に入籍するということになります。

　子の氏（姓）の変更許可の申立ての手続きはそう複雑なものではありませんが、親権者が法定代理人として手続きをおこないますので、親権者になっているかどうかが重要です。

　また、こうした手続きによって姓を改めた未成年者は、成人になってから一か月以内に届出をすれば、前の姓に戻ることもできます。

第3章

離婚する方法と手続き

協議・調停・判決離婚の手続きスピードマスター

●仕事をかかえて忙しいお父さんにとって、離婚の手続きは本当にやっかいなもの。でも、これを避けて新しい人生は開けません。この章で離婚手続きをマスターして、迅速な対応で問題を解決してください。

1・離婚する方法

●離婚の方法には3つの段階がある

離婚の方法には、大別すると①協議離婚、②調停離婚、③判決（裁判）離婚があります。

①協議離婚　夫婦のお互いが話し合って、離婚に合意した場合に離婚届を役所に提出することによって成立します。

②調停離婚　協議により離婚の話し合いがつかない場合に、家庭裁判所に申し立てて調停を行う方法です。家庭裁判所では、調停委員会が双方から事情を聴取し、解決のためのあっせんをしてくれます。解決の方法は、離婚だけではなく、お互い円満に元の鞘におさまるようにも努力します。東京家庭裁判所などの場合には、「離婚調停事件」のことを「夫婦関係調整事件」として扱っています。

調停による話合いで、離婚やその条件等について双方の合意がととのった場合には調停調書が作成され、この時点で離婚が成立します。市区町村役場へは、この調停調書の謄本を添付して離婚届を提出することになります。

なお、この調停を抜きにして、離婚の訴訟をすることはできません。こうした、家庭の問題については、訴訟の前に必ず調停の申立てをしなければならないことになっているからです（調停前置主義）。

③判決離婚　調停でも離婚が成立しない場合に、どうしても離婚したいというのであれば、訴訟によっ

●離婚の方法

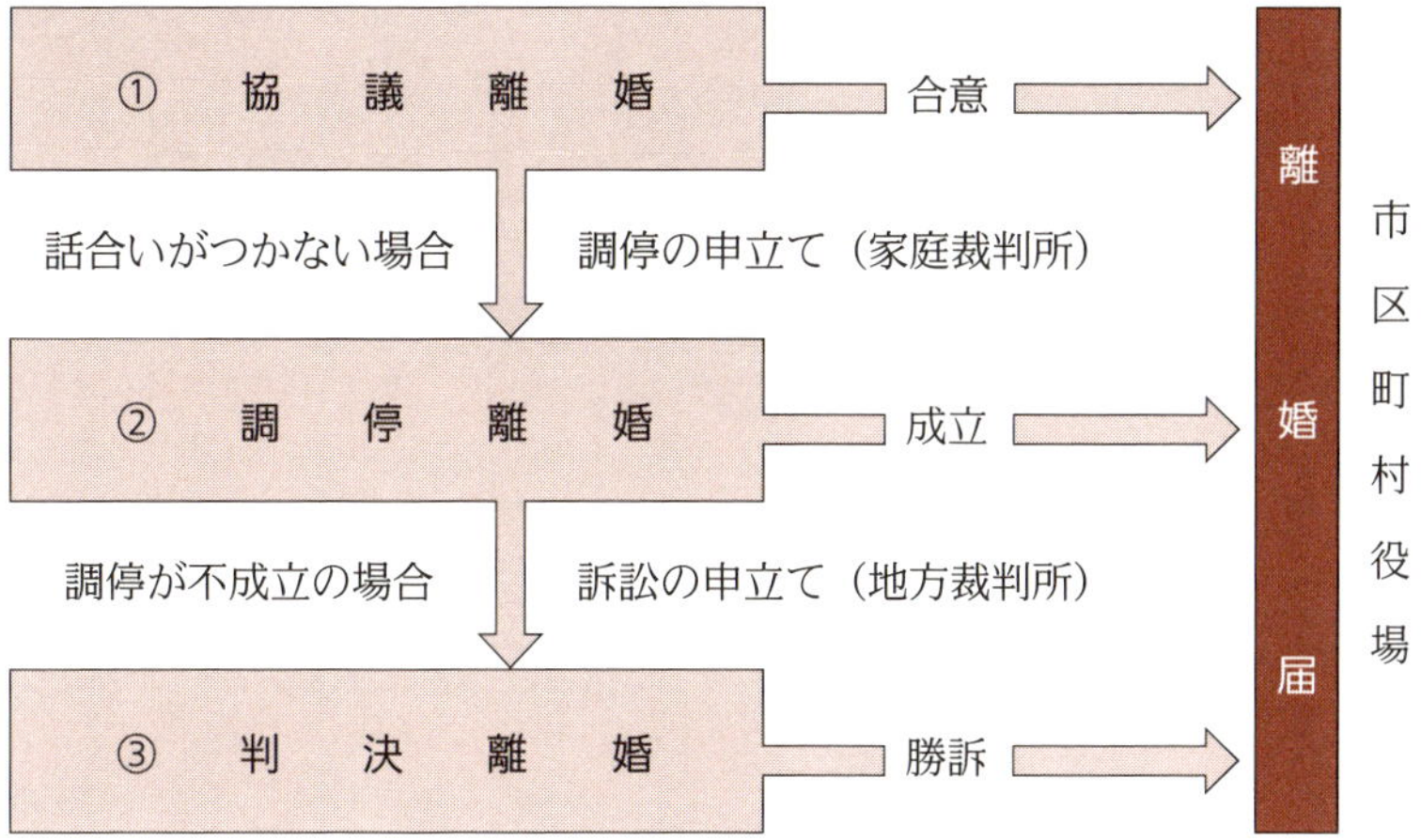

て離婚の判決を得て離婚する方法しか残されていません。そして、この判決書の謄本と確定証明書を添付して、離婚届を役所に提出することになります。

④その他　訴訟中の和解による離婚、認諾離婚もあります（231頁参照）。

以下、それぞれの離婚の方法と手続きについて、もっと具体的に解説します。

●市区町村役場への離婚届提出

協議離婚、調停離婚、判決離婚のいずれの場合にも、離婚届を市区町村役場に提出します。

離婚届の用紙は役所に備え付けてありますので、あらかじめこれを入手して記載することになります。記入の注意点については届出用紙に記載してありますので、そこを読んでください。

離婚届の提出は本籍地か夫婦の所在地の住所地に行います。離婚届の通数は一通でよいことになっています。わからないときは、窓口の戸籍係に聞けばよいでしょう。

記入の注意

黒のインクまたはボールペンを使用し楷書で書いてください。◎消せるボールペンは使用しないでください。

筆頭者の氏名欄には、戸籍のはじめに記載されている人の氏名を書いてください。

離婚によって、住所や世帯主がかわる方は、別に住民異動届（転入届・転居届・世帯主変更届）の手続きが必要となりますので、ご注意ください。

そのほかに必要なもの
調停離婚のとき → 調停調書の謄本
審判離婚のとき → 審判書の謄本と確定証明書
和解離婚のとき → 和解調書の謄本
認諾離婚のとき → 認諾調書の謄本
判決離婚のとき → 判定書の謄本と確定証明書

外国人のときは、生年月日は西暦で記入してください。

証　人（協議離婚のときだけ必要です）		
署名 押印	山川良夫　印	川上二郎　印
生年月日	大正 平成（○）昭和 西暦　4年3月5日	大正 平成（○）昭和 西暦　6年10月20日
住所	東京都（○）道府県 江戸川区○○ 4丁目5番地 番（○）1号	東京都（○）道府県 杉並区○○ 3丁目2番地 番（○）1号
本籍 （外国人のときは、国籍だけを書いてください）	東京都（○）道府県 江戸川区○○ 4丁目5番地（○）番	東京都（○）道府県 杉並区○○ 3丁目2番地（○）番

→ 本籍地でない役場に提出するときは、戸籍謄本または戸籍全部事項証明書をお持ちください。

→ 実父母の氏名を書いてください。
父母がいま婚姻しているときは、母の氏は書かないで、名だけを書いてください。

義父母については「その他」欄にご記入ください。

→ □には、あてはまるものに☑のようにしるしをつけてください。

→ 今後も離婚の際に称していた氏を称する場合には、左の欄に何も記載しないでください（この場合にはこの離婚届と同時に別の届書を提出する必要があります。）

→ 同居を始めたときの年月は、結婚式をあげた年月または同居を始めた年月のうち早いほうを書いてください。

→ □には、あてはまるものに☑のようにしるしをつけてください。
届け出られた事項は、人口動態調査（統計法に基づく基幹統計調査、厚生労働省所管）にも用いられます。

◎届出人（夫・妻）の印、本人確認書類をご持参ください。
◎証人は成年者が２名必要です。
必ず自署、押印してもらってください。
◎印は各自別々の印を押してください。

連絡先	
	夫・電話（　　）　　－
	妻・電話（　　）　　－

未成年の子がいる場合は、次の□のあてはまるものにしるしをつけてください。

（面会交流）
□取り決めをしている。
□まだ決めていない。
（養育費の分担）
□取り決めをしている。
□まだ決めていない。

未成年の子がいる場合に父母が離婚をするときは、面会交流や養育費の分担など子の監護に必要な事項についても父母の協議で定めることとされています。この場合には、子の利益を最も優先して考えなければならないこととされています。

→ 署名は必ず本人が自署してください。

いでください

▶離婚届サンプル

離　婚　届

令和　　年 4 月 15 日 届出

東京都武蔵野市長　殿

受理　令和　年　月　日 第　　号	発送　令和　年　月　日	
送付　令和　年　月　日 第　　号		長印

書類調査	戸籍記載	記載調査	調査票	附票	住民票	通知

	項目	夫	妻
(1)	(よみかた)	ささき　けんぞう	ささき　ふみこ
	氏名（氏・名）	佐々木　健三	佐々木　富美子
	生年月日	大正・平成・昭和・西暦　（平成）4年10月30日	大正・平成・昭和・西暦　（平成）7年9月12日
	住所（住民登録をしているところ）	東京（都）道府県　武蔵野市00 2丁目 11（番）番地 12号 方書・マンション名 世帯主の氏名　佐々木健三	東京（都）道府県　中野区00 1丁目 3（番）番地 1号 方書・マンション名 世帯主の氏名　佐々木富美子
(2)	本籍（外国人のときは国籍だけを書いてください）	東京（都）道府県　武蔵野市00 1丁目 31（番地）番 筆頭者の氏名　佐々木健三	
	父母の氏名　父母との続柄（他の養父母はその他の欄に書いてください）	夫の父　佐々木一三 母　三津子 続き柄　3男	妻の父　吉永剛 母　美江 続き柄　長女
(3)(4)	離婚の種別	☑協議離婚 □調停　年　月　日成立 □審判　年　月　日確定	□和解　年　月　日成立 □請求の認諾　年　月　日認諾 □判決　年　月　日確定
	婚姻前の氏に戻る者の本籍	□夫 ☑妻 は　☑もとの戸籍にもどる　□新しい戸籍をつくる 山梨 都道府（県）　南アルプス市00 1321（番地）番 （よみかた）よしながふみこ　筆頭者の氏名　吉永富美子	
(5)	未成年の子の氏名	夫が親権を行う子　佐々木一茂	妻が親権を行う子
(6)(7)	同居の期間	昭和・（平成）・令和　28年4月から（同居を始めたとき）	昭和・平成・（令和）　年2月まで（別居したとき）
(8)	別居する前の住所	東京（都）道府県　武蔵野市00 2丁目 11（番）番地 12号	
(9)	別居する前の世帯のおもな仕事と	□1. 農業だけまたは農業とその他の仕事を持っている世帯 ☑2. 自由業・商工業・サービス業等を個人で経営している世帯 □3. 企業・個人商店等（官公庁は除く）の常用勤労者世帯で勤め先の従業者数が1人から99人までの世帯（日々または1年未満の契約の雇用者は5） □4. 3にあてはまらない常用勤労者世帯及び会社団体の役員の世帯（日々または1年未満の契約の雇用者は5） □5. 1から4にあてはまらないその他の仕事をしている者のいる世帯 □6. 仕事をしている者のいない世帯	
(10)	夫婦の職業	（国勢調査の年…　年…の4月1日から翌年3月31日までに届出をするときだけ書いてください） 夫の職業　建築コンサルタント	妻の職業　主婦
	その他		
	届出人署名押印	夫　佐々木健三　㊞	妻　佐々木富美子　㊞
	事件簿番号		

夫・妻の印
字訂正 字削除 字加入

住定年月日	
夫	・　・
妻	・　・

夫	免□ パ□ 個□ 在□ その他　無□ (　　) 通知□
妻	免□ パ□ 個□ 在□ その他　無□ (　　) 通知□
	免□ パ□ 個□ 在□ その他　無□ (　　) 通知□

消せるボールペン、スタンプ印は使用しな

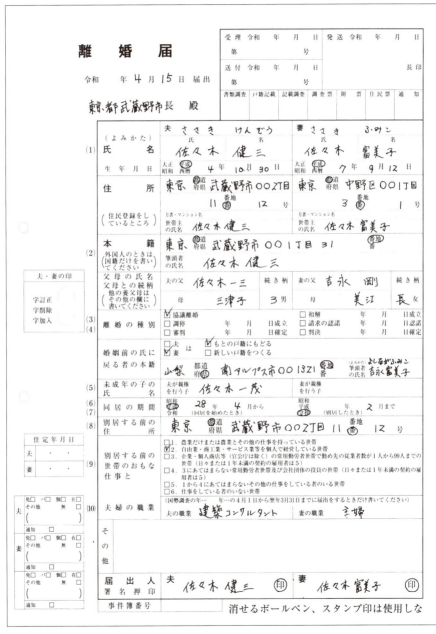

また、離婚届には証人二名が必要です。この証人も本籍や生年月日を記入しますが、成人であればよく、婚姻届の際の証人や仲人であったりする必要はありません。離婚届は、提出して受理された段階で離婚は成立します。

なお、婚姻中の姓を使いたいときには、離婚届と同時あるいは離婚後三か月以内に「**離婚の際に称していた氏を称する届**」を提出することにより、婚姻中の姓を使用することができます。この手続きをしない場合は、元の姓に復します。

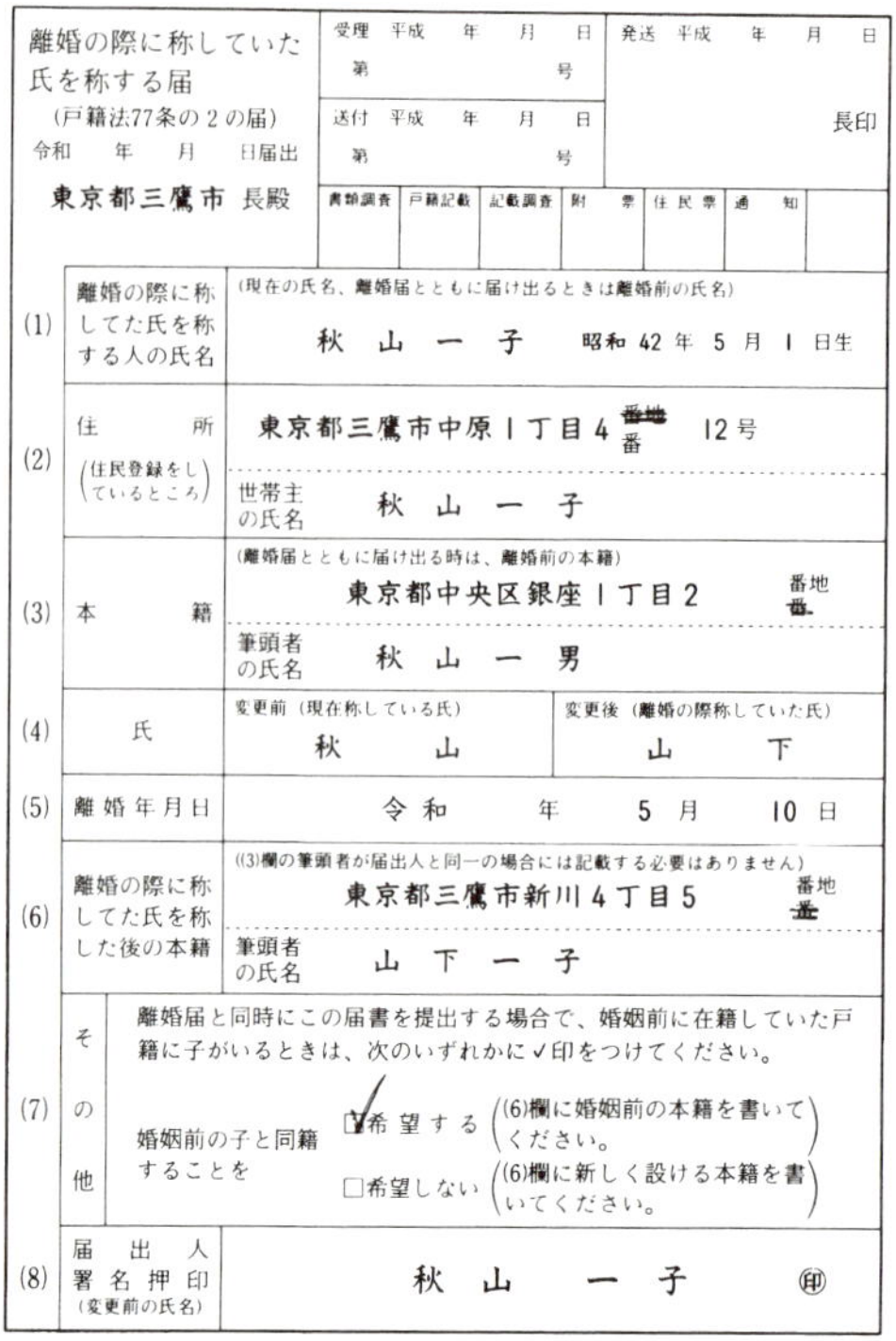

離婚の際に称していた氏を称する届
（戸籍法77条の２の届）
令和　年　月　日届出
東京都三鷹市 長殿
受理 平成 年 月 日 第 号
送付 平成 年 月 日 第 号
発送 平成 年 月 日
長印
書類調査 戸籍記載 記載調査 附票 住民票 通知
(1) 離婚の際に称してた氏を称する人の氏名
（現在の氏名、離婚届とともに届け出るときは離婚前の氏名）
秋 山 一 子 昭和 42 年 5 月 1 日生
(2) 住所（住民登録をしているところ）
東京都三鷹市中原１丁目４ 番地 番 12号
世帯主の氏名 秋 山 一 子
(3) 本籍
（離婚届とともに届け出る時は、離婚前の本籍）
東京都中央区銀座１丁目２ 番地 番
筆頭者の氏名 秋 山 一 男
(4) 氏
変更前（現在称している氏） 秋 山
変更後（離婚の際称していた氏） 山 下
(5) 離婚年月日 令和 年 5 月 10 日
(6) 離婚の際に称してた氏を称した後の本籍
（(3)欄の筆頭者が届出人と同一の場合には記載する必要はありません）
東京都三鷹市新川４丁目５ 番地 番
筆頭者の氏名 山 下 一 子
(7) その他
離婚届と同時にこの届書を提出する場合で、婚姻前に在籍していた戸籍に子がいるときは、次のいずれかに✓印をつけてください。
婚姻前の子と同籍することを
☑希望する（(6)欄に婚姻前の本籍を書いてください。）
□希望しない（(6)欄に新しく設ける本籍を書いてください。）
(8) 届出人署名押印（変更前の氏名）
秋 山 一 子 ㊞

▶離婚の際に称していた氏を称する届（見本）

●相談先

離婚についての公的な相談先はありません。相談先としては、

①法テラス（☎0570―078374）
↓どこに相談すればよいか教えてくれる。
②弁護士会の法律相談センター
③家庭裁判所の家事事件手続案内（申立先の家庭裁判所）などがあります。

なお、裁判所のウェブサイトに離婚手続に関する一般的な説明が掲載され、離婚調停の申立書などの書式も入手可能です。

2・協議離婚の方法と手続き

●協議離婚とは

協議離婚はお互いが合意して離婚届を出せばよいのですから、形式上の手続きはいたって簡単です。ただし、未成年の子がいる場合には、親権者をどちらにするかを決めなければ、離婚届は受理されません。また、離婚届を出したのはいいが、後で財産分与や慰謝料、養育費などの問題で紛争となることもありますので、できれば離婚届を出す前に話し合って決めるべきことは決めておくことが大切です。

協議離婚で紛争となり易い点は以下のとおりです。

①勝手に配偶者の一方が離婚届を出したとき

この離婚届は無効ですので、離婚は認められません。ただし、離婚無効の調停の申立てや訴訟などで離婚が無効であることを証明しなくてはなりません。

②勝手に離婚届が出されそうなときや、いったん合意したが後で離婚する意思がなくなった（翻意した）とき

離婚届が相手方の配偶者から勝手に出されそうなとき、あるいは離婚届に所定の事項を記載して印鑑を押して相手方に渡したが離婚することへの気持ちが変わった（翻意した）場合には、「離婚届の不受理申出」をすることにより離婚届は受理されなくなります。この申出の効力は申し出た時点から発生し、不受

理申出の取下げをするまで続きますが、離婚翻意の場合でも、すでに離婚届が提出されている場合にはどうしようもありません。

なお、不受理申出の用紙（不受理申立書）は市区町村役場の窓口にあります。

③子どもの親権者が決まらないとき

未成年者の子がいる場合には、親権者を決めなければ離婚届が受理されないことは、すでに述べたとおりです。どうしても決まらない場合には、家庭裁判所に親権者指定の調停の申立てをして、調停または審判で決定することになります。

④財産分与・慰謝料や養育費が決まらないとき

財産分与や慰謝料・子の養育費が決まらなくても離婚届を出して離婚することはできます。しかし、離婚後の交渉となると大変ですので、離婚時に決めておくことが望ましいでしょう。こうした金銭面での交渉がどうしてもうまくいかない場合には、前項と同様に家庭裁判所に調停の申立てをすることになります。調停が不調に終われば訴訟ということになります。年金分割については二〇二ページ参照。

●離婚協議書の作成

協議離婚の場合、**離婚協議書**という契約書を作成することをお勧めします。というのは、離婚条件等が口約束であれば、後で言った言わなかったの争いとなりかねないからです。とくに、財産分与・慰謝料、養育費などの金銭問題は、きちっとした契約書にしておくべきです。

早く別れたいからといって、慰謝料などの話合いは離婚後にというケースがありますが、これはいっそ

離婚協議書

夫山田一郎（以下甲という）と妻山田花子（以下乙とする）は、離婚について協議した結果、以下のとおり合意した。

記

一　甲と乙とは協議離婚をすることとし、離婚届に各自署名押印した。
二　甲と乙間の未成年の子山田太郎（以下丙という）の親権者は乙とする。
三　甲は乙に対して丙の養育費として、令和□年□月から丙が成年に達する令和□年□月まで、毎月□□万円ずつ毎月末日限り○○銀行の丙名義口座に振り込んで送金する。
四　甲は乙に対して、①財産分与として□□万円、②慰謝料として□□万円を、令和□年□月□日までに○○銀行の乙名義口座に振り込んで支払うものとする。
五　年金については、平成二〇年三月までの婚姻期間中の部分は、保険料の納付記録を甲乙二分の一ずつに分割する。なお、平成二〇年四月以降の婚姻期間については自動分割である。
六　甲と乙は、離婚に伴う財産上の問題は、前記三～五の定めによりすべて解決し、他に何も要求しないことを確認する。
七　乙は甲に対し、甲が毎月一回丙と面会交流することを容認する。面会交流の日時、場所、方法は、丙の福祉を害することのないよう配慮して、甲乙協議の上決定する。

令和□年□月□日

住所
甲　山田太郎　㊞
住所
乙　山田花子　㊞

●協議離婚の手続き

①離婚の話合い（協議）をする
⇩
②離婚の合意が成立する
⇩
③離婚届に必要事項を記入し署名押印をする
⇩
④離婚届を市区町村役場に提出する
⇩
⑤離婚届が受理される
⇩
⑥離婚が成立する

う事を複雑にします。離婚した後では離婚という目的をすでに達していますので、払わずにすめば、あるいは少なければ少ないほどいいという力学が働くからです。

こうした離婚条件の契約書は公正証書にしておくといいでしょう（174頁コラム参照）。というのは、公正証書にして「この契約に違反した場合、強制執行されても異議がない」旨の執行認諾文言を入れておけば、相手が約束どおりに支払わないなどの契約違反をした場合、訴訟を起こすなどの法的手続きをとらずに、ただちに強制執行ができるからです。

なお、後で述べる調停離婚や判決離婚の場合には、調停調書や判決で履行の内容が決まるのが通常で、この調停調書や判決があれば強制執行ができますので、離婚協議書は、原則として不要です。

協議離婚はすでに述べたとおり、役所に離婚届を提出し、受理された段階で成立します。手続きが簡単なだけに、事後に財産分与や慰謝料などでもめることがないよう、決めることはしっかり決めて離婚届を提出することが肝要です。

3・調停離婚の方法と手続き

●調停離婚とは

離婚の話合いがつかないときは、家庭裁判所に離婚調停の申立てをすることになります。この手続きをせずに、いきなり訴訟をすることは許されません（調停前置主義）。申し立てる裁判所は、相手方の住所地を管轄する家庭裁判所、または夫婦が合意して決めた家庭裁判所です。

調停は識者である三人の調停委員会（家事調停委員二名、裁判官一名）が、双方を呼んで事情を聴取し、合意にこぎつけるように仲裁・あっせんをしてくれます。合意ができれば、調停調書が作成され、離婚が成立します。

なお、家庭裁判所には家事手続案内サービスがあり、離婚などの家庭の問題についての相談に応じていますので、手続きも含めて、調停の申立ての前に、一度そこで相談するのもよいでしょう（巻末資料参照）。ただし、離婚ができるかどうかなどの判断はしてくれません。

また、調停離婚とは違い、審判離婚というものがあります。これは、せっかく調停を重ねて離婚を成立させる方が当事者のためであると考えられるのにもかかわらず、調停の合意ができない場合などに、家庭裁判所が独自の判断の下に離婚を宣言する方法です。しかし、この審判離婚は異議申立て（審判から二週間以内）が利害関係人からなされると審判の効力はなくなることから、あまり利用されていません。

●調停離婚の手続き

① 調停の申立て

⇩

② 期日の指定・呼出し

⇩

③ 調　停

⇩

④ 調停の成立（離婚成立）

⇩

⑤ 離婚届（市区町村役場）提出

●調停離婚の手続き

〔離婚（夫婦関係事件）調停の申立書〕の用紙は、家庭裁判所に備えつけてあります。インターネットからも入手できます。これに所定の事項を書込み、窓口に提出することになります。記載事項で分からないところがあれば、窓口の担当者に聞けば教えてくれます。事前に家事事件手続きの相談に行くのがよいでしょう。

添付書類としては、①事情説明書（未成年者の子がいればその分も）、②連絡先等の届出書、③進行に関する照会回答書、④夫婦の戸籍謄本（全部事項証明書）→3か月以内に役所より発行されたもの、⑤年金分割を求める場合の情報通知書（年金事務所発行）があります（東京家裁の場合）。この調停申立書には一二〇〇円の印紙を貼ります。

離婚の調停の申立てをしますと、その後、裁判所から書面で期日を指定して呼出があります。調停は本人が出頭するのが原則ですので、どうしてもその日が都合悪ければ「期日変更の申立て」もできます。弁護士に頼んだからといって、調停では任せっきりにはできないのです（正当な理由なしに裁判所に出頭しないと、五万円以下の過料）。

調停は非公開で、調停委員会（裁判官一名・家事調停委員二名）と当事者（申立人と相手方）が調停室でテーブルを挟んで話し合うというのが原則ですが、当事者が同席すると話合いが困難なことが多いので、別々に事情聴取をする場合が多く、控室も別々に用意されていることが多いようです。

離婚の調停では、離婚するしないの問題だけではなく、離婚に関連する子の親権や養育費の問題、財産分与・慰謝料・年金分割などの問題も話し合われます。こうした調停の話合いは二〇〜三〇日おきに、何回か繰り返されることになります。そして、通常、約半年後には何らかの結論が出ることになります。

こうして夫婦が離婚に合意すれば、調停離婚は成立します。また、調停にはもう一度やりなおすという和合（円満）調停もあります。離婚の合意が成立せず、調停不成立ということで終了することもあります。また、相手が調停の席に来ない場合には、裁判と違い欠席裁判はできませんので、同様に調停は不成立ということになります。

調停離婚が成立したら、調停調書の謄本の交付を家庭裁判所に申請し、この謄本を添付して離婚届を市区町村役場に提出します。離婚は調停成立の段階で効果を生じていますので、事後報告的なものです。

なお、家事事件手続法が平成二五年一月一日から施行され、離婚調停においても手続の一部の見直しが以下のとおり行われました。

①家事調停事件や相手方のある家事審判事件については、手続の円滑な進行を妨げるおそれがある場合を除き、原則として申立書の写しが裁判所より相手方に送付される

②当事者が遠隔地に居住しているとき等には、テレビ会議システムを利用して手続を行うことができるなどの見直しとなっています。この見直しに伴い、申立書の書類も大幅に変わっています。詳しくは、申立てをする家庭裁判所にお尋ねください。

調停が不成立で、どうしても離婚したい場合には、裁判による離婚請求をします（次項参照）。

▶離婚（夫婦関係調整）の調停申立書サンプル

受付印	夫婦関係等調整調停申立書　事件名（　離　婚　）
収入印紙　円 予納郵便切手　円	（この欄に申立て１件あたり収入印紙１，２００円分を貼ってください。） （貼った印紙に押印しないでください。）

東京　家庭裁判所 御中 令和　年 11月 12日	申立人 （又は法定代理人など） の記名押印	甲野　春子　㊞

添付書類	（審理のために必要な場合は，追加書類の提出をお願いすることがあります。） ☑戸籍謄本（全部事項証明書）（内縁関係に関する申立ての場合は不要） ☑（年金分割の申立てが含まれている場合）年金分割のための情報通知書 □	準口頭

申立人	本籍（国籍）	（内縁関係に関する申立ての場合は，記入する必要はありません。） 東京 ㊓都 道府県 千代田区○○１丁目２番	
	住所	〒 ○○○ － ○○○○ 東京都文京区○○３丁目41番５号　（　方）	
	フリガナ 氏名	コウノ　ハルコ 甲野　春子	大正 (昭和) 平成 ○○年 ２月 28日生 （ 47 歳）
相手方	本籍（国籍）	（内縁関係に関する申立ての場合は，記入する必要はありません。） 東京 (都) 道府県 千代田区○○１丁目２番	
	住所	〒 ○○○ － ○○○○ 東京都新宿区○○４丁目35番２号　（　方）	
	フリガナ 氏名	コウノ　イチロウ 甲野　一郎	大正 (昭和) 平成 ○○年 ３月 ３日生 （ 50 歳）
対象となる子	住所	☑申立人と同居　／　□相手方と同居 □その他（　）	(平成) 令和 ○○年 ７月 21日生 （ 17 歳）
	フリガナ 氏名	コウノ　ダイキ 甲野　大希	
	住所	☑申立人と同居　／　□相手方と同居 □その他（　）	(平成) 令和 ○○年 １月 26日生 （ 15 歳）
	フリガナ 氏名	コウノ　ユウカ 甲野　優花	
	住所	□申立人と同居　／　□相手方と同居 □その他（　）	平成 令和　年　月　日生 （　歳）
	フリガナ 氏名		

（注）　太枠の中だけ記入してください。対象となる子は，付随申立ての(1)，(2)又は(3)を選択したときのみ記入してください。　□の部分は，該当するものにチェックしてください。

夫婦（1/2）

（注）この申立書の写しは，法律の定めるところにより，申立ての内容を知らせるため，相手方に送付されます。

※　申立ての趣旨は，当てはまる番号（1 又は 2，付随申立てについては(1)～(7)）を○で囲んでください。
　□の部分は，該当するものにチェックしてください。
☆　付随申立ての(6)を選択したときは，年金分割のための情報通知書の写しをとり，別紙として添付してください（その写しも相手方に送付されます。）。

申立ての趣旨	
円満調整	関係解消
※ 1　申立人と相手方間の婚姻関係を円満に調整する。 2　申立人と相手方間の内縁関係を円満に調整する。	※ (1)　申立人と相手方は離婚する。 2　申立人と相手方は内縁関係を解消する。 （付随申立て） ((1))　未成年の子の親権者を次のように定める。 ＿＿＿＿＿＿については父。 大希，優花　については母。 ((2))　（□申立人／☑相手方）と未成年の子　大希，優花　が面会交流する時期，方法などにつき定める。 ((3))　（□申立人／☑相手方）は，子　大希，優花　の養育費として，1人当たり毎月（☑金　〇万　円 ／ □相当額）を支払う。 ((4))　相手方は，申立人に財産分与として，（□金＿＿＿＿円 ／ ☑相当額）を支払う。 (5)　相手方は，申立人に慰謝料として，（☑金　〇〇〇万　円 ／ □相当額）を支払う。 ((6))　申立人と相手方との間の別紙年金分割のための情報通知書（☆）記載の情報に係る年金分割についての請求すべき按分割合を，（☑0．5 ／ □（＿＿＿＿＿））と定める。 (7)

申立ての理由	
同居・別居の時期	
同居を始めた日…昭和・平成・(令和)　〇〇年　9月　10日	別居をした日…昭和・平成・(令和)　〇〇年　6月　20日

申立ての動機			
※当てはまる番号を○で囲み，そのうち最も重要と思うものに◎を付けてください。			
(1)　性格があわない	(2)　異性関係	3　暴力をふるう	4　酒を飲みすぎる
5　性的不調和	6　浪費する	7　病気	
(8)　精神的に虐待する	◎9　家族をすててかえりみない	10　家族と折合いが悪い	
11　同居に応じない	12　生活費を渡さない	13　その他	

夫婦（2/2）

（注）この申立書の写しは，法律の定めるところにより，申立ての内容を知らせるため，相手方に送付されます。

▶離婚調停の申立ての内容に関する事情説明書のサンプル

事情説明書（夫婦関係調整）

この書類は，申立ての内容に関する事項を記入していただくものです。あてはまる事項にチェックをつけ（いくつでも可），空欄には自由に記入して，申立ての際に提出してください。
<u>なお，この書類は，相手方には送付しませんが，相手方から申請があれば，閲覧やコピーが許可されることがあります。</u>

1　この問題でこれまでに家庭裁判所で調停や審判を受けたことがありますか。	□ ある。　（□平成/□令和）　年　月頃　家裁　支部 □今も続いている。　申立人の氏名 □すでに終わった。　事件番号　（□平成/□令和）　年（家　）第　号 ☑ ない。	
2　調停で対立すると思われることはどんなことですか。	□ 離婚・内縁関係解消のこと　□ 同居または別居のこと ☑ 子どものこと（☑親権　☑養育費　☑面会交流　□その他　） ☑ 財産分与の額　☑ 慰謝料の額　□ 負債（ローンなど）のこと ☑ 生活費（婚姻費用）のこと　☑ その他（　異性関係　）	
3　現在の生活状況	申立人（あなた）	相手方
(1) それぞれの同居している家族について記入してください（本人を除く。） ※あなたが相手方と同居中の場合は，相手方の氏名等は申立人欄に記入してください。	氏名／年齢／続柄／職業等 甲野　春子／47／本人／事務パート 甲野　大希／17／長男／高校生 甲野　優花／15／長女／高校生	氏名／年齢／続柄／職業等 甲野　一郎／50／本人／会社員
(2) それぞれの職業と収入について記入してください。	職業　□会社員　□パート　□アルバイト □自営　□その他（　） □無職 勤務先（　） 月収（手取り）　約　18　万円 賞与（年　回）計約　万円 □実家等の援助を受けている。月　万円 □生活保護等を受けている。　月　万円	職業　□会社員　□パート　□アルバイト □自営　□その他（　） □無職　□不明 勤務先（　） 月収（手取り）　約　48　万円 賞与（年　回）計約　160　万円 □実家等の援助を受けている。月　万円 □生活保護等を受けている。　月　万円
(3) それぞれの住居の状況について記入してください。	□ 自宅　□ 家族所有 □ 賃貸（賃料月額　円） □ その他（　）	□ 自宅　□ 家族所有 ☑ 賃貸（賃料月額　14万　円） □ その他（　）
4　夫婦で築いた財産の状況について記入してください。	(1)　資産 □ 土地　☑ 建物 ☑ 預貯金　（約　110　万円） □ その他　※具体的にお書きください。 （　） □ なし (2)　負債 ☑ 住宅ローン（約　750　万円） □ その他　（約　万円） □ なし	(1)　資産 □ 土地　☑ 建物 □ 預貯金　（約　300　万円） □ その他　※具体的にお書きください。 （　） □ なし (2)　負債 ☑ 住宅ローン（約　750　万円） □ その他　（約　万円） □ なし
5　夫婦が不和となったいきさつや理由などを記入してください。	申立人の夫は令和元年末頃から同じ会社に勤める丙川礼子と不倫の関係となり、外泊を重ねるようになり、令和２年６月中には自宅マンションとは別にアパートを借り、丙川と同棲を始め、申立人とは別居に到りました。子のためにもやり直しを希望し話し合いましたがラチがあかず、これ以上夫婦関係を維持することは耐え難い思いです。	

令和　年 11 月 12 日

作成者氏名　甲野　春子　㊞

4・判決離婚の方法と手続き

●判決離婚とは

調停が不成立でどうしても離婚したいというのであれば、訴訟により、離婚することを求めるしかありません。この場合、離婚原因があることを証明しなければ、離婚することを裁判所は認めてくれません。

この離婚原因は、民法の七七〇条に規定されています。

①不貞行為――浮気など。

②悪意の遺棄――夫婦の同居義務、扶助義務を果たさない場合。

③三年以上の生死不明――行方不明(蒸発)など。

④回復の見込みのない強度の精神病

⑤その他、婚姻を継続しがたい重大な事由――性格の不一致・性的な不満など。具体的には婚姻関係が破綻しているかどうかを基準に裁判所が判断する。

以上の離婚原因に該当するとなれば、裁判所は離婚を認める判決を出します。こうした判決に不服な場合には、控訴(高等裁判所)し、さらに控訴審の判決に不服な場合には、上告(最高裁判所)して争うことができます。裁判となれば、調停と違って法律知識も必要となり書類の作成などは素人では難しいことが多々ありますので、弁護士を頼むほうがよいでしょう。

●判決離婚の手続き

①　訴状の提出（家庭裁判所）
⇩
②　口頭弁論
⇩
③　証拠調べ（証書・証人など）
⇩
④　口頭弁論終結
⇩
⑤　判　決
⇩
⑥　判決の確定（判決から二週間後）
⇩
⑦　離婚届提出

●裁判の手続き

裁判の申立ては、原則として相手方の住所地を管轄する家庭裁判所に対して「訴状」を提出することによって行います。

訴状の記載事項は民事訴訟法に定められており、訴状の用紙は裁判所に定型のものがありますので、これを利用するとよいでしょう。また、訴状と同時に戸籍謄本、証明書（調停不成立）を添付書類として提出します。

なお、離婚の請求と同時に、子の親権、養育費、財産分与、慰謝料の請求もすることができます。

訴訟の申立費用は、離婚請求だけなら一万三〇〇〇円です。

また、離婚請求では、慰謝料など離婚に関連する請求もできますが、こうした場合の申立費用は、訴訟の目的の価格（訴額）によるとされています（民事訴訟費用等に関する法律四条三項）。例えば、離婚と同時に慰謝料を五〇〇万円請求するのであれば、三万円ということになります。

この他、呼び出しのための切手代が必要です。こうした手続き上、あるいは費用のことでわからないことがあれば、裁判所の窓口でお尋ねください。

訴訟では、訴えを起こした側が相手に不貞の事実や悪意の遺棄などの離婚原因があることを立証しなければなりません。ただ単に主張するだけではだめで、証拠書類を提出し、必要があれば証人にも出廷してもらうことになります。訴訟の審理は公開の法廷で月に一回程度開かれ、審理を尽くしたところで判決となります。訴訟の申立てから判決までにどのくらいの日数がかかるのかは一概には言えませんが、六か月〜一年程度はかかるとみておく必要があると思われます。

審理が終わると裁判官は認容（離婚を認める）か棄却（離婚を認めない）の判決を出します。判決に不服があれば、高等裁判所に控訴することになります。これは、なにも原告側（離婚を求めた側）だけでなく、被告側（訴えられた相手）も控訴することができます。

離婚の判決がなされて、相手方が控訴せずに判決が確定（判決から二週間後）すると、離婚が成立することになります。その後、判決の謄本および確定証明書を添えて離婚届を市区町村役場に提出することになります。この届は、判決の確定によりすでに離婚の効果は生じていますので、形式的なものです。戸籍法では裁判確定から一〇日以内に、離婚の訴訟を申し立てた側が届け出ることになっています。

なお、訴訟中に裁判官が和解勧告をすることもあります。この和解の勧告に応じるか、応じないかは自由です。また、被告が原告の言い分を全面的に受け入れて認諾離婚をすることもできます。ただし、財産分与や慰謝料などの離婚以外の訴えもある場合は認諾離婚はできません。訴訟中に双方が歩みより離婚に合意する和解離婚もあります。

▼離婚の訴状のサンプル

訴　　状

事件名　離　婚　　請求事件

訴訟物の価額	円
貼用印紙額	円
予納郵便切手	円
貼用印紙　裏面貼付のとおり	

○○家庭裁判所　御中 令和○年○月○日	原告の記名押印	甲　野　花　子　（甲野）印

原告	本籍	○○　都道府（県）　○○市○○町○丁目○番地
	住所	〒000－0000　電話番号　○○（ＸＸＸ）△△△△　ﾌｧｸｼﾐﾘ　（　　） ○○県○○市○○町○丁目○番地○号　（　　方）
	フリガナ 氏名	甲《コウ》　野《ノ》　花《ハナ》　子《コ》
	送達場所等の届出	原告に対する書類の送達は，次の場所に宛てて行ってください。 ☑ 上記住所 ☐ 勤務先（勤務先の名称　　） 〒　－　電話番号　（　　） 住所 ☐ その他の場所（原告又は送達受取人との関係　　） 〒　－　電話番号　（　　） 住所 ☐ 原告に対する書類の送達は，上記の届出場所へ，次の人に宛てて行ってください。 氏名　（原告との関係　　）
被告	本籍	原告と同じ
	住所	〒000－0000　電話番号　△△（ＸＸＸ）○○○○　ﾌｧｸｼﾐﾘ　（　　） ○○県○○市○○町○丁目○番○号 ○○マンション○○号　（　　方）
	フリガナ 氏名	甲《コウ》　野《ノ》　太《タ》　郎《ロウ》
添付書類		☑ 戸籍謄本（甲第１号証）　☑ 年金分割のための情報通知書（甲第　号証） ☑ 甲第２号証～第５号証　☐ 証拠説明書　☑ 調停が終了したことの証明書 ☐ 証拠申出書　☐
夫婦関係の形成又は存否の確認を目的とする係属中の事件の表示		裁判所　／　平成・令和　年（　）第　号 事件名　事件　／　原告　被告

（注）　太枠の中だけ記入してください。　☐の部分は，該当するものにチェックしてください。

離婚（１ページ）

請求及び申立ての趣旨

原告と被告とを離婚する。

（親権者の指定） 続柄 名

☑ 原告と被告間の 長男 一郎 （平成・㊀令和 ○年 ○月 ○日生），二男 二郎（平成・令和 ○年 ○月 ○日生），＿＿＿ ＿＿＿（平成・令和 年 月 日生） の親権者を☑原告 □被告と定める。

□

（慰謝料）

☑ 被告は，原告に対し，次の金員を支払え。

☑ 金 ○○○万 円

☑ 上記金員に対する 離婚判決確定の日の翌日から支払済みまで年 3 分の割合による金員

（財産分与）

☑ 被告は，原告に対し，次の金員を支払え。

☑ 金 ○○○万 円

☑ 上記金員に対する離婚判決確定の日の翌日から支払済みまで年 3 分の割合による金員

□

□

（養育費） 続柄 名

☑ 被告は，原告に対し，令和○年○月 から 長男 一郎，二男 二郎，＿＿＿ が 成年に達する月 まで，毎月 ○ 日限り，子一人につき金 ○万 円ずつ支払え。

□

（年金分割）

☑ 原告と被告との間の別紙 1 （年金分割のための情報通知書）記載の情報に係る年金分割についての請求すべき按分割合を，☑ ０．５ □（ ）と定める。

□

訴訟費用は被告の負担とする。

との判決（☑及び慰謝料につき仮執行宣言）を求める。

請求の原因等

1 (1) 原告と被告は，□昭和 ☑平成 □令和 ○ 年 ○ 月 ○ 日に婚姻の届出をしました。

(2) 原告と被告間の未成年の子は，□いません。 ☑次のとおりです。

続柄	名	年齢	生年月日
長男	一郎	○○歳	（平成・令和 ○年 ○月 ○日生）（平成に○）
二男	二郎	○歳	（平成・令和 ○年 ○月 ○日生）（令和に○）
		歳	（平成・令和 年 月 日生）

2〔調停前置〕

夫婦関係に関する調停を

☑しました。

事件番号 ○○ 家庭裁判所 平成・令和 ○ 年（家イ）第 ××× 号

結　果 平成・令和 ○ 年 ○ 月 ○ 日 ☑不成立 □取下げ □（ ）

理　由 □被告が離婚に応じない □その他（ ）

☑条件が合わない（ ）

□していません。

理　由 □被告が所在不明

□その他（ ）

3〔離婚の原因〕

次の事由があるので，原告は，被告に対して，離婚を求めます。

☑ 被告の不貞行為 □ 被告の悪意の遺棄 □ 被告の生死が3年以上不明

□ 被告が強度の精神病で回復の見込みがない ☑ その他婚姻を継続し難い重大な事由

その具体的な内容は次のとおりです。

（注） 太枠の中だけ記入してください。 □の部分は，該当するものにチェックしてください。

離婚（2ページ）

(1) 不貞行為について

被告は、令和○年○月頃から同じ会社に勤める丙川春子（以下丙川と言います）と親しくなり、外泊を重ねるようになりました。被告は、令和○年○月○日に市内のアパートを借りて、丙川と同棲するようになりました。

(2) 婚姻を継続しがたい重大な事由について

原告は，子のためにも，何度もやり直そうと思い，被告と話し合いを持とうとしましたが，被告は一切話し合いに応じませんでした。

以上のような事情で，これ以上婚姻を継続はできないと思うようになりました。

4 〔子の親権者について〕

原告は，平成○○年○月から○○会社で働きはじめ，現在は経理部で正社員となり，生活も安定しています。被告は，今まで子の面倒を見ることもなく，また定職もなく収入も不安定で，子の面倒を見ることは期待できません。

したがって，長男一郎及び二男二郎の親権者は原告が適しています。

5 〔慰謝料について〕

原告は，結婚してから，家事や育児など懸命に頑張ってきましたが，被告の不貞行為等により，離婚せざるを得ない状況に追い込まれ，精神的苦痛を受けました。原告の精神的苦痛は○○○万円が相当と思われます。

したがって，金○○○万円及びこれに対する離婚判決確定の日の翌日から支払い済みに至るまで，民法所定の年５分の割合による遅延損害金を求めます。

6 〔財産分与について〕

夫婦の財産は，預金○○万円（甲２号証書），……です。

したがって，財産分与として，金○○○万円及びこれに対する離婚判定確定の日の翌日から支払い済みに至るまで，民法所定の年５分の割合による遅延損害金を求めます。

7 〔養育費について〕

原告の収入は，月約○○万円及び年２回のボーナスとを合わせると，年収は○○○万円（甲○号証）になります。被告の収入は，少なくとも月収○○万円ですので，養育費として平成○○年○月から子が成年に達するまで月○万円の支払いを求めます。

8 〔年金分割について〕

原告と被告の離婚時年金分割に係る第一号改定者及び第二号改定者の別，対象期日，按分割合の範囲は別紙１のとおりです。

9 〔まとめ〕

よって，請求及び申立ての趣旨記載の判決を求めます。

（　　ページ）

5・相手方の強制執行には要注意！

財産分与や養育費などが支払えない場合に、強制執行をされる場合があります。強制執行は、公正証書（支払わない場合は強制執行を受けても文句をいわないという執行認諾条項があるもの）や、調停・判決等により、裁判所等に執行の申立をして不動産や動産の差押えをした上で、その財産を任意売却や競売により換金して、そのお金で未払の財産分与や養育費を回収するというものです。

また、給与や退職金についても強制執行（債権執行）ができます。これは裁判所に申し立てて給与や退職金を差し押さえてもらい、給与等の支払先（会社）から直接支払ってもらうというものです。この給与等の執行は、手続きも比較的簡単で回収も確実なことから、支払い側がサラリーマンの場合には多く利用されています。なお、これに関連した民事執行法の改正が以下のとおり行われており、注意が必要です。

・養育費などのように毎月支払う約束のもの（定期金債権）については、その一部に不履行（払わないなど）があると、その後、支払う約束となっている全額について債権執行を受けます。

・給料等は、通常は四分の三に相当する部分（この額が六六万円を超えるときは六六万円）は差し押さえることはできませんが、養育費などの支払い義務の不履行の場合には二分一に相当する部分が差し押さえ禁止になるだけで、通常の場合より多額の給与等が差し押さえられます。

多額の養育費のために生活が困難になるなどの場合は、養育費減額請求の調停等の対抗手段をとることもできます。

6・弁護士の探し方と頼み方

離婚の調停の場合は、本人が出頭するのが原則で、調停委員が中に入って解決のための努力をしてくれますので、弁護士に頼まない場合も多いようです。しかし、訴訟は弁護士に依頼するのがよいでしょう。弁護士には依頼者の秘密を守る守秘義務があり、たとえ紹介者に対しても口外することはありません。

弁護士を探すには、親戚や知人などから知っている弁護士を紹介してもらうのがよいでしょう。そうした人がいないならば、各地の弁護士会（法律相談センター）を尋ねて紹介してもらうことです。

現在、弁護士報酬は各弁護士が独自に定めることとされています。日本弁護士連合会では、市民のための目安として弁護士へのアンケート結果（二〇〇八年度）を公表しています（詳細はホームページ参照）。

〔事例〕夫も暴力に耐えられず離婚したい。三歳の子の引取りと、慰謝料二〇〇万円を請求。離婚が成立して、慰謝料二〇〇万円の支払いを受け、子どもの親権を得て養育費を毎月三万円受けることになった。

一　右のケースで離婚調停を受任するとき

①着手金／二〇万円前後が最も多く四五％、ついで三〇万円前後が四二％の順。

②報酬金／三〇万円前後が最多で四〇％、ついで二〇万円前後が三〇％の順。

二　離婚調停の不調後も引き続き離婚訴訟を受任し、離婚が成立したとき

①着手金／一〇万円前後が最も多く四三％、ついで〇円が二六％の順。

②報酬金／三〇万円前後が最多で三六％、ついで二〇万円前後が二〇％の順。

養育費算定表

＊この表の利用の仕方は30〜33ページをご覧ください。なお，東京・大阪家庭裁判所のホームページでは年収2000万円まで，子ども3人のケースの表も公開されています。

養育費算定表（1）●子どもが１人（0〜14歳）

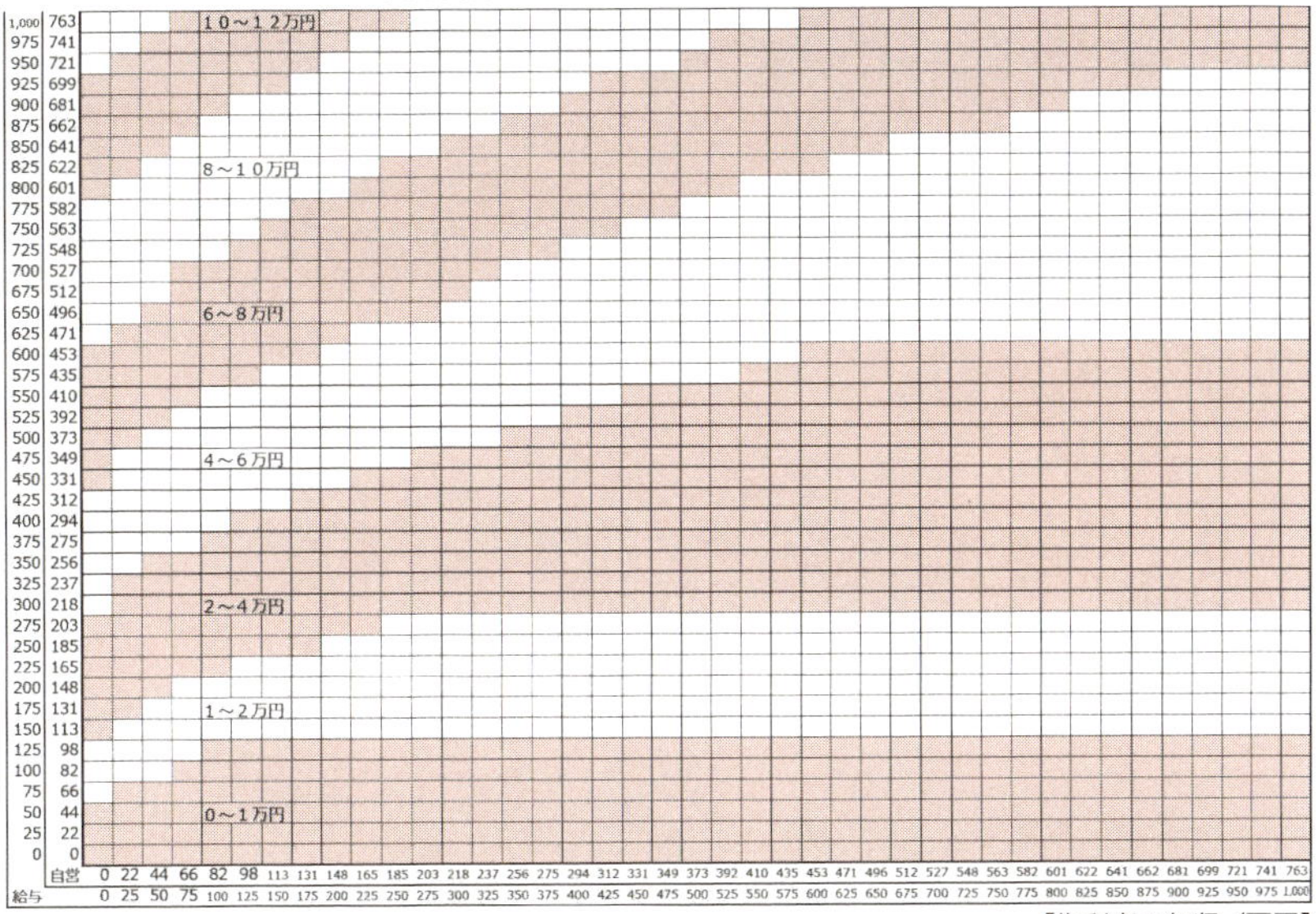

養育費算定表（2）●子どもが１人（15〜19歳）

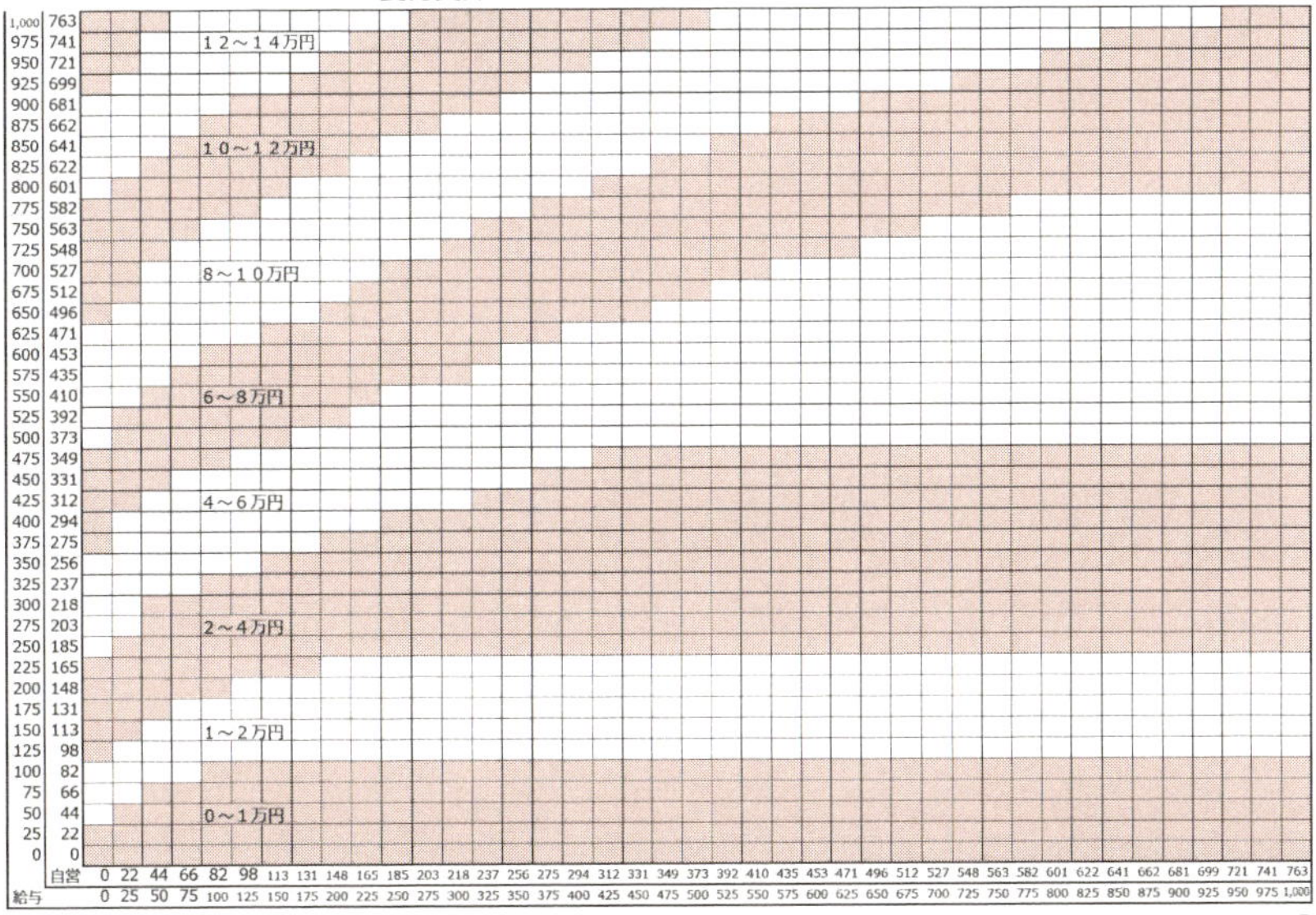

養育費算定表(3)●子どもが２人(第１子及び第２子０～14歳)

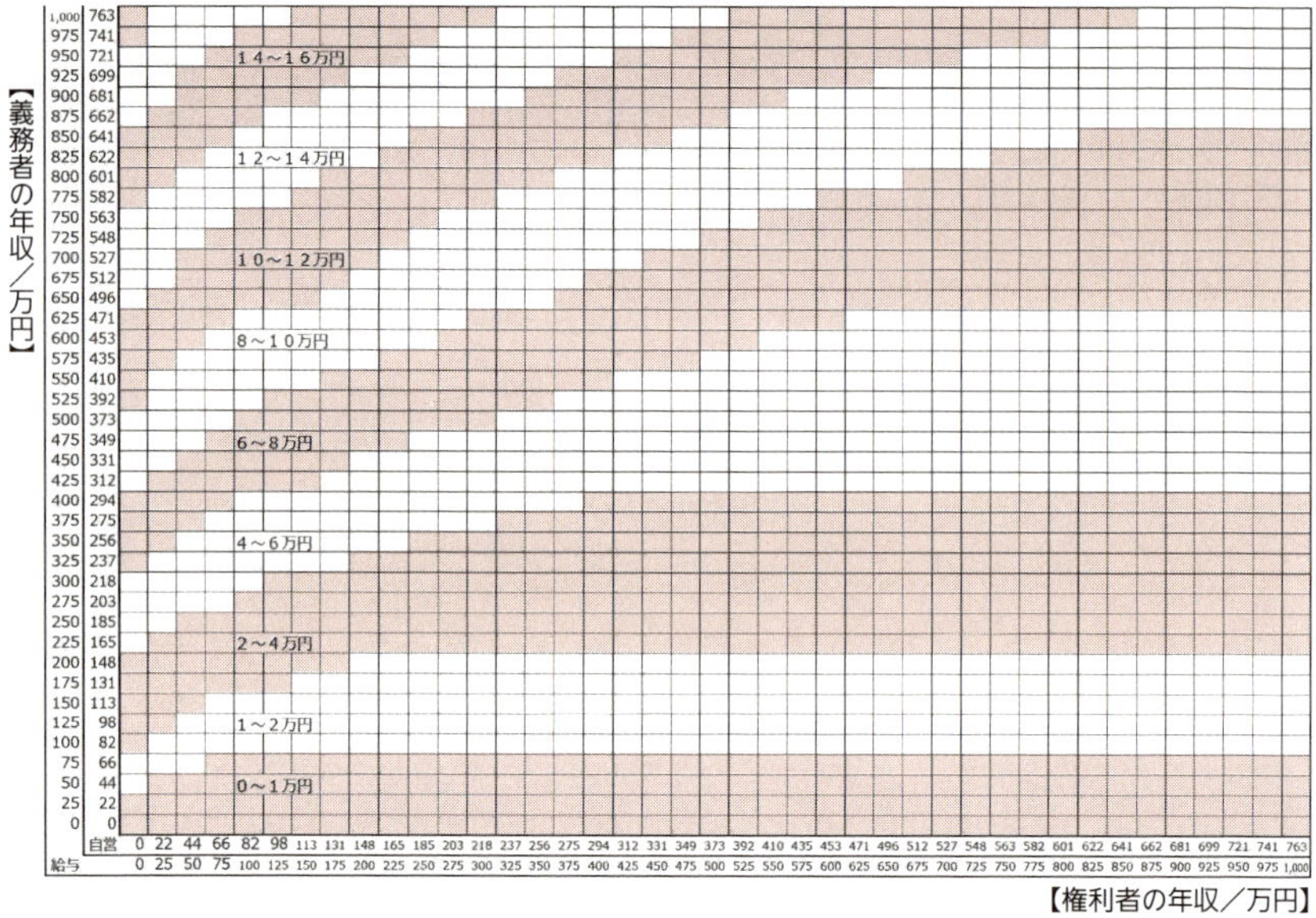

養育費算定表(4)●子どもが２人(第１子15～19歳、第２子０～14歳)

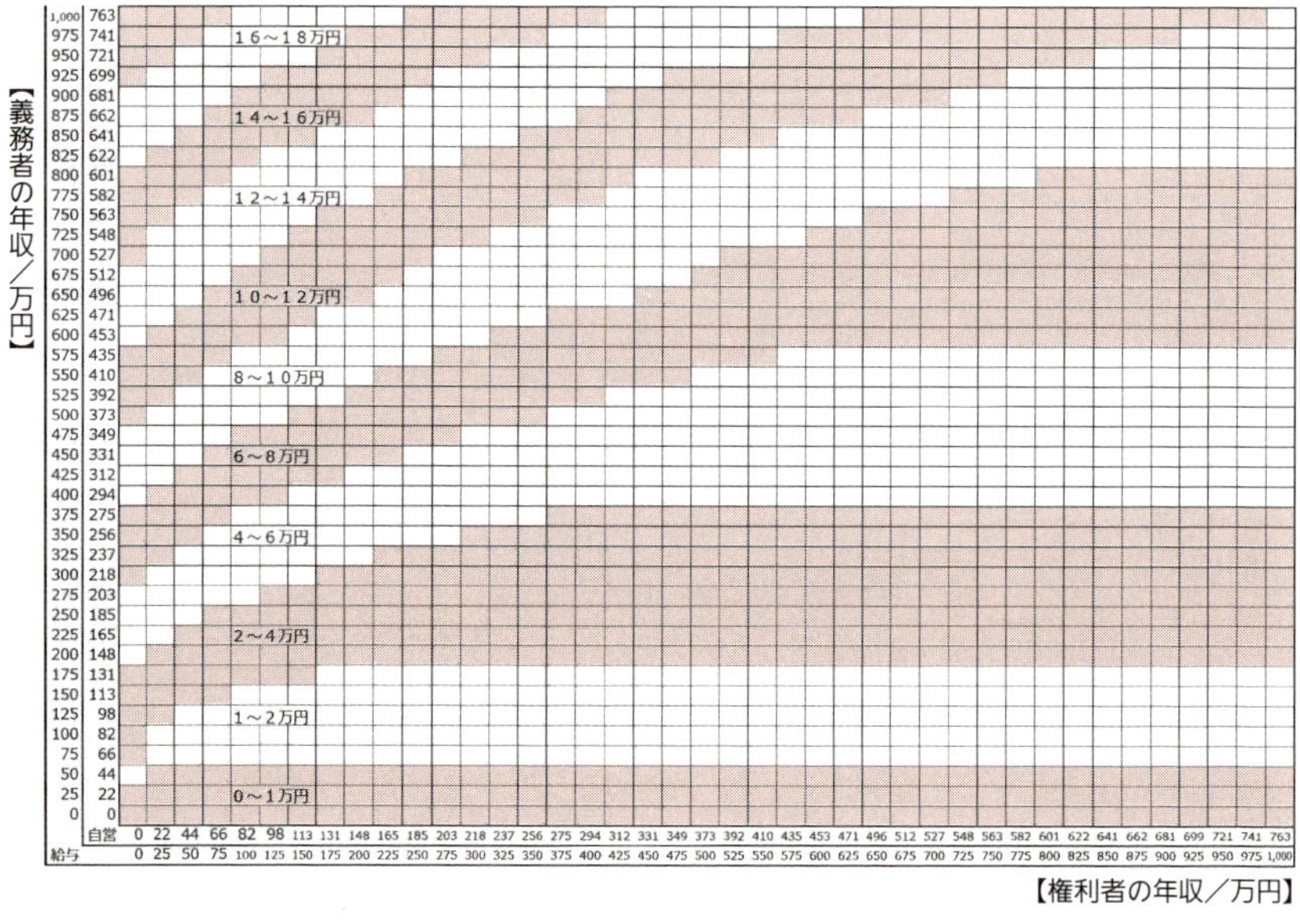

●全国の家庭裁判所・一らん

※下記の他にも、支部や出張所が多数あります。

裁判所名	所在地	電話番号
札幌家庭裁判所	北海道札幌市中央区大通西12丁目	☎011(221)7281
旭川家庭裁判所	北海道旭川市花咲町4丁目	☎0166(51)6251
釧路家庭裁判所	北海道釧路市柏木町4番7号	☎0154(41)4171
函館家庭裁判所	北海道函館市上新川町1番8号	☎0138(38)2370
青森家庭裁判所	青森県青森市長島1丁目3番26号	☎017(722)5647
秋田家庭裁判所	秋田県秋田市山王7丁目1-1	☎018(824)3121
盛岡家庭裁判所	岩手県盛岡市内丸9番1号	☎019(622)3452
山形家庭裁判所	山形県山形市旅篭町2丁目4番22号	☎023(623)9511
仙台家庭裁判所	宮城県仙台市青葉区片平1丁目6-1	☎022(222)4165
福島家庭裁判所	福島県福島市花園町5番38号	☎024(534)2434
宇都宮家庭裁判所	栃木県宇都宮市小幡1丁目1番38号	☎028(621)4854
前橋家庭裁判所	群馬県前橋市大手町3丁目1-34	☎027(231)4275
水戸家庭裁判所	茨城県水戸市大町1丁目1番38号	☎029(224)8408
さいたま家庭裁判所	埼玉県さいたま市浦和区高砂3丁目16番45号	☎048(863)8844
千葉家庭裁判所	千葉県千葉市中央区中央4丁目11番27号	☎043(333)5327
東京家庭裁判所	東京都千代田区霞が関1丁目1番2号	☎03(3502)8331
横浜家庭裁判所	神奈川県横浜市中区寿町1丁目2番地	☎045(345)3463
甲府家庭裁判所	山梨県甲府市中央1丁目10-7	☎055(213)2541
長野家庭裁判所	長野県長野市旭町1108	☎026(403)2038
新潟家庭裁判所	新潟県新潟市中央区川岸町1-54-1	☎025(333)0131
静岡家庭裁判所	静岡県静岡市葵区城内町1番20号	☎054(273)8768
岐阜家庭裁判所	岐阜県岐阜市美江寺町2丁目4番地の1	☎058(262)5346
富山家庭裁判所	富山県富山市西田地方町2丁目9番1号	☎076(421)8154
金沢家庭裁判所	石川県金沢市丸ノ内7番1号	☎076(221)3111
福井家庭裁判所	福井県福井市春山1-1-1	☎0776(91)5069
名古屋家庭裁判所	愛知県名古屋市中区三の丸1丁目7番1号	☎052(223)2830
津家庭裁判所	三重県津市中央3番1号	☎059(226)4711
京都家庭裁判所	京都府京都市左京区下鴨宮河町1番地	☎075(722)7211
大津家庭裁判所	滋賀県大津市京町3丁目1番2号	☎077(503)8151
大阪家庭裁判所	大阪府大阪市中央区大手前4丁目1-13	☎06(6943)5745
和歌山家庭裁判所	和歌山県和歌山市二番丁1番地	☎073(428)9965
奈良家庭裁判所	奈良県奈良市登大路町35	☎0742(88)6521
神戸家庭裁判所	兵庫県神戸市兵庫区荒田町3丁目46番1号	☎078(521)5930
岡山家庭裁判所	岡山県岡山市北区南方1丁目8番42号	☎086(222)6771
鳥取家庭裁判所	鳥取県鳥取市東町2-223	☎0857(22)2171
松江家庭裁判所	島根県松江市母衣町68番地	☎0852(35)5200
広島家庭裁判所	広島県広島市中区上八丁堀1番6号	☎082(228)0494
山口家庭裁判所	山口県山口市駅通り1-6-1	☎083(922)9148
高松家庭裁判所	香川県高松市丸の内2-27	☎087(851)1942
徳島家庭裁判所	徳島県徳島市徳島町1丁目5番地1号	☎088(603)0140
松山家庭裁判所	愛媛県松山市南堀端町2番地1	☎089(942)0077
高知家庭裁判所	高知県高知市丸ノ内1-3-5	☎088(822)0442
福岡家庭裁判所	福岡県福岡市中央区六本松4－2－4	☎092(981)9605
佐賀家庭裁判所	佐賀県佐賀市中の小路3番22号	☎0952(38)5635
大分家庭裁判所	大分県大分市荷揚町7番15号	☎097(532)7161
長崎家庭裁判所	長崎県長崎市万才町6番25号	☎095(822)6151
熊本家庭裁判所	熊本県熊本市中央区千葉城町3番31号	☎096(206)3534
宮崎家庭裁判所	宮崎県宮崎市旭2丁目3番13号	☎0985(68)5146
鹿児島家庭裁判所	鹿児島県鹿児島市山下町13-47	☎099(222)7121
那覇家庭裁判所	沖縄県那覇市樋川1丁目14番10号	☎098(855)1000

■監修者紹介

梅田幸子（うめだ・さちこ）

神奈川県横浜市出身。早稲田大学法学部卒業。2007年9月、弁護士登録（横浜弁護士会(当時)）。現在、神奈川県弁護士会「高齢者・障害者の権利に関する委員会」などを務める。

■著者紹介

神木正裕（さかき・まさひろ）

昭和24年熊本県に生まれる。熊本大学法学部卒。（有）生活と法律研究所所長。著書に『借金完全整理・自己破産マニュアル』『交通事故・示談交渉手続マニュアル（共著）』『法律問題で困ったらこの１冊』（以上、自由国民社）などがある。

飯野たから（いいの・たから）

山梨県生まれ。慶應義塾大学法学部卒。フリーライター。著書に、『戸籍のことならこの１冊（共著）』『非正規六法』『撮ってはいけない』『ネット時代の困ったお客のトリセツ』『有利に解決！離婚調停』『大家さんのための賃貸トラブル解決法』『マンガ法律の抜け穴（電子書籍・原作）』（以上、自由国民社）などがある。

男の離婚読本

発行日――1998年９月25日　初版第１刷発行
　　　　　2021年12月24日　第５版第１刷発行
著　者――飯野たから・神木正裕
発行者――石井　悟
発行所――㈱自由国民社
　　　　　〒171-0033　東京都豊島区高田３−10−11
　　　　　　販売／TEL:03-6233-0781
　　　　　　編集／TEL:03-6233-0786
　　　　　　https://www.jiyu.co.jp/
本文DTP――㈲中央制作社
印　刷――横山印刷株式会社
製　本――新風製本株式会社